U0686024

新时代的教育责任与使命

郭勤学 著

中国原子能出版社

图书在版编目（CIP）数据

新时代的教育责任与使命／郭勤学著． -- 北京：
中国原子能出版社，2021.5
ISBN 978-7-5221-1377-7

Ⅰ．①新… Ⅱ．①郭… Ⅲ．①高中—教育改革—研究
—郑州 Ⅳ．① G639.21

中国版本图书馆 CIP 数据核字（2021）第 089855 号

新时代的教育责任与使命

出版发行	中国原子能出版社（北京市海淀区阜成路 43 号　100048）	
策划编辑	杨晓宇	
责任印刷	赵　明	
装帧设计	知更壹点	
印　　刷	天津和萱印刷有限公司	
经　　销	全国新华书店	
开　　本	787mm×1092mm　　　1/16	
印　　张	11.375	
字　　数	198 千字	
版　　次	2021 年 5 月第 1 版	
印　　次	2022 年 1 月第 1 次印刷	
标准书号	ISBN 978-7-5221-1377-7	定　价 68.00 元

网　址：http//www.aep.com.cn　　　　E-mail: atomep123@126.com
发行电话：010-68452845

作者简介

　　郭勤学，现任郑州市第十一中学校长，教育部第二期中小学名校长领航班学员，中小学正高级教师，河南省特级教师。从教三十余年，担任校长职务十七年，在教师专业提升、高考改革研究、创新人才培养、基础教育国际化等方面颇有建树。曾获得河南省先进工作者、河南省教育系统先进工作者、河南省优秀教育管理人才、全国优秀高中校长、河南省首批中小学名校长、河南省学术技术带头人、河南省基础教育突出贡献人物、享受郑州市政府特殊津贴人员、郑州市专业技术拔尖人才、郑州市市领导直接联系高端人才等多项荣誉称号。同时，他连任河南省第六届、第七届政府督学，是河南省青年工作指导委员会委员、河南省新高考改革方案起草小组成员，曾到上海市、江苏省、山东省等多地调研新高考改革工作，对新一轮的高考改革具有独到的见解和深层次的研究。

前　言

  我国已经逐步迈进高等教育大众化的阶段。随着这个教育趋势，高中教育已经成为大众化的教育。因此，新时代下的高中教育应该具有独特的教育价值、全新的教育评价标准。高中教育要面向社会、面向未来，要切实理解人以及教育机构对于教育人的实际作用。

  全书共七章。第一章为绪论，主要阐述高考改革面临的基本问题、关于高中教育的时代思考等内容；第二章为我国普通高中的发展概况，主要阐述普通高中教育发展现状、我国高中教育得到的经验以及新高考改革发展的重要内容等内容；第三章为我国普通高中教育发展的定位，主要阐述我国普通高中教育的基本战略定位、我国普通高中教育的基本性质定位以及我国普通高中教育的基本功能定位等内容；第四章为普通高中教育发展的国际比较，主要阐述美国普通高中教育的发展、英国普通高中教育的发展、德国普通高中教育的发展以及法国普通高中教育的发展等内容；第五章为新时代高中教师的角色定位与专业发展，主要阐述教师的角色、专业与教师专业发展以及高中新课程与校本教师培训等内容；第六章为新时代中学校长的本体使命，主要阐述凝练办学理念，规划学校发展，引领教师成长，领导课程教学以及优化学校管理，重视特色办学等内容；第七章为新时代普通高中的教育责任与使命，主要阐述科技艺术育"新"人、重视学生的终身发展等内容。

  为了确保研究内容的丰富性和多样性，在写作过程中参考了大量理论与研究文献，在此向涉及的专家学者们表示衷心的感谢。

  最后，限于作者水平有不足，加之时间仓促，本书难免存在一些疏漏，在此，恳请同行专家和读者朋友批评指正！

作　者

2020 年 1 月

目 录

第一章　绪论

高考作为高竞争和高风险的大规模选拔性考试，是中国各类考试中影响最大，也是最重要的一场考试，因此其教育发展与改革也是争议很大的。本章就将从高考改革面临的基本问题和关于高中教育的时代思考这两方面进行阐述。主要内容包括：高考改革面临基本问题概述、国际高中教育发展趋势等。

第一节　高考改革面临的基本问题

一、高考改革面临基本问题概述

关于考试，尤其是高校的招生考试来说，世界各国都存在着非常高的合法性。并且，一些极端的言行，如废除考试之类的话也已经非常少了，但是批评考试措施和改革的建议倒是不时就会出现。研究显示，自 20 世纪 20 年代开始，美国的 IQ 测试就开始受到了抨击，抨击的内容不但有种族歧视，还有与我国"应试教育"相似的批评。

而在 20 世纪末的《大考试》中，有学者对 SAT（Scholastic Assessment Test，中文名称为学术能力评估测试）与 ACT（American College Test，被称为"美国高考"）进行了考察，认为其同中国的高考作用一样，都深刻影响着美国的中学生。并且，早在 20 世纪三四十年代，日本就曾有过"考试地狱"的说法，自从那个时候开始，就一直在进行持续不断的改革，但到目前为止，分数制教育还没有根本改变。从上小学开始，孩子们努力学习的目标就是为了今后能上大学。由此大量的课外教育机构开始出现，一种为补习文化课程的学校，另一种则是高等教育的预备学校，也是因为这样才有所谓的考试产业的形成。

欧洲国家的大部分学校基本都实行资格考试制度，看起来上大学应该是非常容易的，但实际上却有很多问题存在，除了会有"文凭病"和应试教育，并且孩子们也会遭遇被分流的情况。这类相应的考试制度与多轨教育制度所产生的结果，受益者一般均为中产阶级家庭的成员或具有更多政治、经济、社会和文化资本的家庭的成员。

抛开他国高校招生考试问题不论，由于发展水平与文化心理差别很大，我国的高考在改革期间也会有很多很复杂的问题出现。就考试研究方面来说，主要有三类问题存在：第一类是考试的社会学问题，其与考试、外部诸多因素之间的各项关系都有所涉及，比如考试和社会经济、文化、政治的关系，同教育教学之间的关系，等等；第二类为考试中的认识论问题，包含的是考试和内部一系列因素的关系，不如统计分析和命题等；第三类为考试中的管理学问题，其所涉及的主要就是在考试中实施管理的问题。

对于学生来说，高考不仅仅是一场大型考试，其中还包括了对整个高考系统的管理与录取的相关环节。比如，高考所涉及的"择优录取"问题，教育主管部门被考生告状而引发的"依法治招"的问题以及录取分数线区域公平问题等等，这些都说明了对高考的研究，不管是理论研究，还是实践表现方面来说都是相当复杂的。这说明我们有必要把中外在近代、现代意义上的高考制度作为一个专门对象来看待，并且进行研究，从而更好地对高考活动的基本原则、规律等进行总结，使其能直接对高考的改革实践进行指导。

考试认识论的水平在中国长期的考试过程中决定了考试质量的高低，但考试的存废又是由考试社会学的是非所决定的。虽然考试认识论的著作在西方的考试理论中的存在非常多，但这在考试社会学方面的论述却并不多见。对于我国来说，各个方面的理论研究如今还都处在不太成熟的阶段。比如，20世纪80年代初，考试在科学角度进行了一系列系统研究，并在1988年出版了第一本《考试学》的专著，而在2003年以前与高考相关的社会学理论论著则少之又少，比如1994在吉林教育出版社出版的《考试与教学》，1995年由四川教育出版社出版的《考试制度研究》，1999年由云南大学出版社出版的《大规模考试的社会控制功能研究》。而《科举考试的教育视角》则是仅有的从历史视角出发，深入全面地探讨考试制度的专著，由湖北教育出版社于1996年出版。

高考社会学的基本问题，会对高考同外部诸因素的关系有所涉及，如高考和社会经济、政治、教育教学之间的关系等。

二、高考改革中的难题

（一）统一考试与考察品行的矛盾

只有将标准设定为考试成绩，才能对统一考试的公平性有所保证，也就是指不管学生有着怎样的学习水平、家世出身等，其在考试分数面前始终是人人平等的。这好比体育竞赛中，只凭比赛时发挥出的水平而不考虑平时训练成绩来决定谁可获取奖牌一样。该方法是有很大好处的，有利于公平客观的发展，且不会被突然出现的人为因素所干扰，但其弊端可能会发展为重才轻德，才学可能只会在考场中被发挥，因此也就表明考生真正的德行很难通过考试成绩体现出来。同时，可以采取推荐制，推荐的好处也恰恰是考试的局限性所在，这是因为从理论上说，学生日常所表现出的品行表现等可以通过推荐进行考察，从而对德才兼备的人才进行选拔，确保不会出现在高考制度下因为忽略德育，而智育独秀和唯分数是求的局面。但也会存在一定弊端，因为在推行推荐制时，实际上其客观标准并不是非常严格的，所以很容易有作假的情况出现，在中国这样一个传统的重视人情、关系的文化氛围中，只能去选择危害最小的手段，即选择统一考试。

但是，高考也并不是完全不存在德育因素的。在高考中，考生表现出来的除了有知识、能力之间的差距，同时也有竞争态度方面的差距。所以完全公平的高考竞争精神，不仅磨炼了考生的毅力与拼搏到最后的勇气，还有助于其能够合理地利用与安排时间。学生在日常发奋学习，并带着自身优异的成绩去参加高考，不仅可以表现出有志青年为了科学文化、祖国富强而努力奋斗的决心，同时也体现出年轻人勇于对身边人负责的责任感，这是一种品德所在。还有在志愿的选报方面，也能体现出考生对于个人利益、国家利益以及社会分工等方面的态度，反映出其本身的人生观，所以高考在选择拥有优秀才能的学生时，依照的并不全在智育方面。

并且，才学、品行并不是完全分离的，也是相对统一的。学问与才能都十分优秀，但是品行不够端正的例子是有的，但是品学兼优的考生却可以找到很多。在过去的历史之中，通过科举考试获得进士的人基本都是德才兼备的，当然这并不代表不存在作恶多端的进士，但比起为数众多的杰出进士来说是少数。因为进士会长期接受与德行相关知识的熏陶，因此通常情况下会比那些捐纳保举，或是门荫之途入仕者要相对正直与廉洁。在金朝末年、南宋末年、元朝末年誓死捍卫朝廷国家者往往都是进士出身之人。进士出身的人对做人的道理以及历代兴衰经验有所熟悉，他们因此具有比较好的政治素质，所以会更加重视名节，且非常的清正廉洁。

与现代高考优胜者相关度比较高的问题是道德水平问题，虽然还没有经过实际大规模研究，但是几年间部分城市对无人售报的方法进行了试行，而在另一些城市之中则已经有一定的规律出现，也就是越高文化水平的社区居民，就越会自觉地去交钱取报。其中，收款率最高的是大学的无人售报点。这其实也说明了，群体的文化水平较高，那么在文化观念、社会公德的体现上就更强。当然，这只是按考试选拔来说的，考生真正的道德水准、思想态度等是不能完全通过试卷看出的。

（二）考试公平与区域公平的矛盾

各地高校中的考生在统一考试时都应接受相同的测试标准，那么其中能够脱颖而出的人自然会比其他人更具有优秀的文化水平。所以，中国在一千多年以内，对一个地区的教育文化水平，评价最为客观的一个指标即为科举录取人数的多寡，并且也表明科名除了是个人的奋斗目标以外，更是地方集体会去追求的对象。在中国的科举史上，出现过很多次凭才取士与分区取士的争论，其中被大家熟知的就是欧阳修坚决反对司马光所主张的分区定额录取，因为他认为考试的去留应该是由程文决定的，这一切都要确保考试最终的客观性、公平性。但到了明代后，录取方式从刚开始的完全按照分数高低进行，演变为后来的分区分省定额取中。这种分区定额录取的方式可以切实地照顾到文化教育相对落后以及一些边疆地区，在自由竞争方面来看，这与考试的公平原则是存在一定矛盾的，但是在对落后地区读书人学习的积极性方面的调动，提升当地人文化素质水平，还有对中华民族的统一进行维护等方面来说，是有合理的地方存在的。

因此，考试公平越发展到后面就会逐渐成为区域公平。而该传统也一直影响着中国近代的大部分高等学校在区域上的布局，以及实行的高考分省区市的定额划线的录取制度。由于考生人数并不是很多且高校之间相对集中等问题，所以出现了新的区域公平问题，这是不同于科举时代的区域公平问题的。

近年来，北京、天津的高考录取的最低分数控制线都是要低于那些"高考大省"将近100分的，这就会导致考取了同样分数的学生，在一些省份可能上大专都很困难，但是在北京可能就会上重点大学。关于这种分数线的失衡现象，很多报刊更是强烈发表了自己的不满，《中国青年报》更是将"倾斜的高考分数线"这一专栏设立在报纸上，同时还伴随着大量有激烈言辞的争论文章，并且全国政协也提交了不止一份有关全国范围内分数统一录取的提案。在讨论期间分成了立场鲜明的两派，一个即为北京的论者，而另一个则是外省的论者。其中，北京的论者通常认为 100 分之间的差异并不一定代表同等分数的含金量，虽然北京与上海等地对学生的分数要求低，但是其有很高的综合素质；而其他省的论者认为不一样的省市区录取分数，在高考来看就是最大的不公正。这实际上是作为应试教育的其中一种祸根存在的，所以应当对现今按照地域来录取新生的方式予以废除，并在全国范围内通过一年到三年的时间，实现由高分到低分的录取。由此可见，区域公平、考试公平的矛盾之间的两难问题是根本没办法解决的。

（三）保持难度与减轻负担的矛盾

对于大规模选拔性的统一考试来说，另一个两难问题就是怎样在对考试难度、区分度加以保持的同时，还不会加重学生的课业负担。理论方面来说，考试的命题应当是教材中的重要知识或是重大问题，这样一来是可以形成学用一致并能将有用之才选拔出来的。可在实际运用命题之中则可看出，在实行了较长时间的考试制度之后，如果教材与考试大纲并没有变化，同时还允许超纲时，那么就一定会出现比较怪的题目或是偏题，而也只有这样才能预防被押题，从而更方便地从考生中选出较为优秀的学生。为了对题目难度与区分度的保持，出题者会经常不按照常规出题，并且相对自由地去将命题范围扩大，但是如果一旦出偏题就一定会让学生的学习负担增多，让其在短时间内难以应对，由此出现水涨船高的现象。

如何在不超出教材范围和考试大纲的前提下，保持试题的区分度，是高考这样一种大规模选拔性考试需要认真思考的问题。对于高考来说，对学生的学业负担进行减轻是存在一定局限性的。因为高考属于会对模拟成绩进行参考的考试，因此决定考生的录取情况以及会上一所什么样的大学是由其相对分数所决定的，考生会积极备考，并将自己的分数维持在日常水平之上，且不会随着卷子的难易程度而发生较大的浮动。我们也应当明白，社会竞争的浓缩也能体现在高考竞争上，考试、命题之间存在的很多问题肯定无法完全兼顾，而我们所能做的就是对命题技巧进行改革，以及考虑转变教育观念与增加录取率等方式，让高考发展得更加理性与科学。

上述的困难中我们不难看出，高考的改革工程是多么复杂和困难的。如果只看到了问题的其中一面，那么就很有可能会使高考的改革多走一个弯路，或者像一个失眠者，怎么翻身都难以安眠，而哪怕是其中一年的改革没有发展到位，就会对几十万考生的前途产生影响。因此要切记，一定不能因为遭受到一点压力就为改革而改革，对高考作出重大改变应在长期规划、全面研究等基础上推进，这样才能进一步保证高考改革的稳定健康发展。

三、高考与政治经济的关系问题

（一）高考受政治经济制约的机制

高考受政治经济制约的机制，一般以三种方式体现出来。第一种方式就是直接的政治干预，它会影响高考制度的存废与改革。影响存废的最典型案例就是1966年开始的"文化大革命"，把高考当作阶级斗争的工具，认为高考没有突出政治，而直接取消统一高考制度。影响高考改革的典型案例，就是近年来每年"两会"期间人大与政协委员，都会就高考公平问题或者高考带来学生学习负担重的问题提出提案，要求改进高考招生计划、高考科目设置与命题质量。

第二种方式就是高考的竞争性程度，总体上会明显受高等教育资源供求关系这一经济因素的直接影响。由于1998年以后我国高等教育大众化进程的加快，高等教育资源和入学机会的总供给有了质的飞跃，高等教育从精英阶段发展到了大众化阶段。受此影响，我国高考机会的竞争已经从过去"上大学"的竞争，发展到了今天的"上好大学和好专业"的竞争。

不过，我国的高水平大学特别是世界一流大学数量，还远远不能满足老百姓日益增长的教育需求，按照如今几乎所有的世界大学排行榜来看，我国的世界一流大学即使在亚洲来比也并不是最多的，如果放到全球来看，则不足美国的1/50。单以教育部直属高校而论，每年招生总规模也不过才30多万，这里面能接近世界一流大学的主要是北京大学和清华大学两所高校，而我国的人口数量是美国的4倍多。所以，我国高考的竞争明显受到高等教育资源，特别是优质教育资源供给不足带来的巨大压力影响，它从根本上制约着高考公平的深层次改革，从而使得高考改革一直在相对十分有限的"蛋糕"里做出种种程序公平和机会公平的配置机制改革。

第三种是高考的内容标准乃至管理方式，直接体现执政者的思想与意识形态。不论是考试标准还是招生标准，都要贯彻国家的教育方针政策，体现执政者的思想与意识形态，为培养社会主义建设者和接班人服务，为建设创新型国家服务。而考试质量是国家高度关注的问题，千年科举历史表明，没有考试质量或者说考试质量不高的考试，会严重影响国家的人才选拔质量，损害国家的科技发展水平，降低国家的经济发展水平，这是我国十分注重考试科目与内容改革的重要原因。

高考直接涉及"谁有资格参与高考""以什么样的标准分配进入高等学校的机会""谁最后获得了进入高等学校的机会"等。同时，高考管理方式也会随着国家权力的调整而发生变化。基于此，高考受政治经济影响的确直接而显著，国家通过为考试制定法律法规、考试标准甚至进行命题等来传播和执行自己的意志，其受政治经济的制约不言而喻。

（二）高考的政治经济功能

高考的政治经济功能，主要表现在以下两个方面。

一是维护国家政权的功能。高考选拔的人才，总体上是德智体全面发展的人才，是体现国家意识形态需要的人才，是国家建设需要的人才。没有任何一个国家，会通过高校招生考试来选拔反对国家政权和社会、没有道德或者道德水准很低的人。教育部在1952年颁布了《关于实现一九五二年培养国家建设干部计划的指示》，其中指出，各个地区的高等学校都对统一招生的原则严格实行，同时也是干部培养计划实现的关键。这也使得在承担选拔高校合格新生的责任同时，高考还肩负了对国家备干部进行选拔的重任。当前市场经济条件下，高考肩负的主要任务也许不再是选拔国家后备干部，而是国家各行各业的建设者，但也不能否认高考依然具有部分选拔国家后备干部的功能。

二是帮助实现高等教育的经济功能。从高校来说，各专业招生计划多少，要反映社会经济发展的需要，总体上要体现国家的经济结构和产业发展对人力资本的结构性需求。从学生个体来说，高考是学生进入高等教育门槛的钥匙，而高等教育相对中等教育而言更具有增加个人收入、社会职业流动与升迁的经济功能。因此，高考很大程度上是学生个体实现高等教育经济功能的手段，它从根本上调节着高等教育资源的配置，起着高等教育机会分配的政治经济功能。

按照西奥多·舒尔茨（Theodore W. Schultz）的人力资本理论，社会经济增长的源泉即为人力资本的积累，而教育投资方面的产物也是人力资本。而劳动力水平的提升更加依赖高等教育的生产，依赖供求不平衡条件下高考制度的检测与选择。与古代中国社会个人致富依赖权力世袭不同，现代社会的高考于个人而言无疑是获取高等教育投资资格与致富机会的最重要门槛。由此，高考公平问题就直接涉及考生竞争机会的多寡和经济利益。

对高考改革而言，老百姓首先想到的便是改革公平与否。自汉文帝首次举行的书面考试算起，考试已经有两千多年的历史了，在这段时间内，考试也经历了大大小小无数次变革，但对公平公正的追求却是贯穿其始终的主旋律。1977年恢复高考以来，20世纪80年代就实行了招收自费生、委培生的体制改革，可到后来出现了用钱买分的现象后，因为对招考公平的原则进行了破坏，所以最后遭到了人们的唾弃。

而从录制制度方面来看，为了对高校招生自主权进行扩大，20世纪80年代还增添了对投档比例的改革，但也形成了在录取时"票子满天飞"的腐败现象。比如前些年开始试行的"自主招生录取"改革，至今仍旧有城乡不公平、重点与非重点高中不公平的责难。政治是经济的集中体现与反映，高考没有经济功能也许就不一定会牵涉到每一个老百姓的切身利益。

（三）实现高考政治经济功能的改革趋势

正是基于高考具有国家政治经济功能的考量，近年来我国教育行政部门开始有效治理高考公平问题，也开始强化对高考质量的管理改革。

1.关于高考公平方面的治理

关于考试的公正性，自新中国成立以来到2000年，中国几乎一直坚持统一的高考制度，从全国一张卷到各省的一张卷。但是，如果从政策角度看录取学生的唯一依据是对学术考试分数进行坚持的话，其实是局限学生发展的。教育部曾发布过对实行有关高考改革新计划，存在明确要求的考试招生录取新模式。为了对考试的公平性有所保证，教育部还在高考的积分政策治理方面进行了加强，并取消了部分不合理的加分政策。不难看出，从历史上说，真正的公平竞争应该是平等主义面对特权的挑战，而并不代表接收到的平等主义传统挑战。从这一方面上看，各个国家的共识应该就是对弱势群体进行照顾的补偿原则。对普通公众候选人群体中的各个竞争优胜者不给予或给予分数的原因，恰恰是这些群体不在补偿原则的范围内，但高校实施的却是择优录取的政策，其实质上已经解决了竞争优势者在大众中按照效率原则进行优先录取等问题。所以，对于弱势群体来说，高考奖金政策是非常适合该类考生的。

在平衡区域公平与考试公平方面，为了对我国在20世纪90年代以来逐渐倾斜的高考分数线问题，《国家中长期教育改革和发展规划纲要》（2010—2020年）（以下简称《纲要》）中特别指出了保障公民依法享有受教育的权力是其基本要求，而扶持困难群体与促进义务教育的均衡发展则是重点所在，以及其根本措施则体现在对教育资源的合理配置，逐渐倾斜向民族地区、农村地区和边远贫困地区，从而使教育差距越来越小。

而在监管制度方面，新高考方案对高校违规招生现象还提出了要充分发挥招生委员会的作用，并在第三方对招生工作展开监督，以及招生问责制这类对公平竞争有所保障的监管制度的建立。同时从学生的综合素质评价方面，怎么在高考新方案中对考生综合评价材料的真实性以及相对客观性进行保障，也是需要中学考试机构与教育主管部门等进行制度监管的。

2. 关于高考质量的管理

政府的质量管理方式的确需要更加注重宏观政策的引导，做好高考制度的顶层制度设计。21 世纪以来，这方面取得了很大的成就，注重顶层制度设计的明显例证就是《纲要》在第十二章的"考试招生制度改革"中就对考试招生制度改革在推进过程中的战略规划目标、总体原则等进行了提出，并指出应当将有利于促进学生成长、科学选拔人才以及对社会公平维护等原则充分建立，进一步探索出考试、招生可以分离的方法，由政府在宏观上进行管理，学校展开招生，学生则可以不用单一地进行选择，从而建成综合评价、分类考试以及多元录取的招生制度。

从层级上说，除了存在教育行政部门的宏观管理，还存在考试机构以及其内部各个业务部门的中观、微观管理。对考试机构的内部管理范围说，不仅会对考试组织与队伍建设、考试流程中每一环节的学术管理等有所涉及，同时行政管理在教育行政部门中的职能也会被部分所替代，且考试与招生质量的提高就是其目的所在。

对于考试机构的管理过程来说，其与考试组织、计划、创新管理与控制等方面是有一定涉及的；对其管理权力来说，则与各级学校、教育行政部门以及社会等关系有涉及；属性方面讲，属于社会属性的是考试机构，也就是社会的进步与国家的发展都与考试有关，国家应当依法对其实行宏观管理，与此同时其也有自然性的一面，那就是一般是由技术性与程序性的工作组成了考试机构的业务工作，所以也离不开专业化管理。

具体的高考质量问题，主要需要专业化的考试机构和招生机构去直接负责。强化高考质量，实际就是加强选才的专业化建设。目的是选择与高校培养目标要求相适应的各个类型的人才，其基础则是由学术性组织建设起的招考机构。在高校的招生机构中，这种学术性可以说是学生能力被专业化综合评价的体现，并由此对招生中各个环节的制度设计进行充分完善，以及将更加合适的生源选择出来。

如果这种专业化的学业研究部门、考试评价等并没有存在于考试机构之中，那么高中学业语数外的高考、学业水平考试等命题任务，就将会因为没有一个较为长期的研究，而在能力测试、考试标准上而大打折扣，最终导致无法实现选才目的以及引导教学的功能。以至于高中的学生仍然还被困在题海中，而缺失了迎接以后大学学习挑战的积极性。而且，光是看我国各个省市的高中学业水平考试，就可以看出情况是并不乐观的，其除了举办者不同以外，功能定位也差异悬殊。可见，向专业化管理转型是当务之急。

四、高考与文化的关系问题

这方面，《传统文化与高校招生考试改革》和《再论传统文化与高考改革》提醒我们要注意高考改革的文化制约因素，它关系到高考改革的可行性问题，如统考的存废问题、"宽进严出"问题等。高考与当代文化创新问题关系到高考改革的观念与价值问题，《全国统一高考制度与中华民族创新精神》一文，则提醒我们要以创新文化作为高考改革的出发点。

就高考而言，其自身就是一种文化，也就是我们常说的高考文化，包含了很多方面因素，如制度、价值观与社会心理等。就制度论来看，我国在恢复高考以来基本形成了全国统一考试招生为主、单独考试招生为辅的制度体系；从价值观看，简单来说科学、公正与效率三方面是现行高考文化的价值观所主要追求的，而对于高考文化价值追求与价值取向的明确、提炼等则是在人本、创新和诚信中所体现出来的，其与科学、效率和公平共同构成了高考文化创新与制度改革的核心价值；就态度和社会心理论看，高考制度最公平合理的体现就是社会一般的心理与认识，且有其天然的合理性，但也并非完美无缺，需要培育积极发展的高考文化。

（一）高考改革受文化制约的主要机制

高考改革的文化制约机制，主要有三个方面：一是高考改革受考试测评等科技文化的制约；二是高考改革受社会文化的制约；三是高考改革受教育文化的制约。最后一个方面的问题，是需要重点研究的内容。

考试测评技术文化，主要涉及考试命题、阅卷、统计分析等方面，特别是其中最根本的问题是测量方面的理论。比如去研究概化理论、经典考试理论与项目的反映理论，这些都可以说是评价高考招生中非常关键的理论问题。在教学导向中，考试不管在什么时候都是非常重要的，仅仅是从经典考试理论的效度来看，也可以算是一个学术问题。

同时，"效标"的不同也会让人在对考试标准科学性进行评价时的结论变得不同。对能力立意的命题改革方向进行坚持，在表面看起来是没有什么问题的，但实际却是每个学科能力的主体到底应该是理解能力、应用能力、记忆能力、评价能力等，还是创新思维能力，从这点上来看，选人与命题思路是不一样的。

并且还存在另一种现实情况，那就是如果将大学四年的成绩作为预测"效标"来看的话，那么其预测效度就会存在较大差异的评价结果。同样的，若是在衡量时使用用人标准这一"效标"，或是用人的社会贡献这一"效标"，又或是不同学科、行业的人才标准"效标"来看的话，最后预测效度的结果又会有很大的不同出现。所以这也就表明了，到底何种"效标"才能与高考命题预测效度评价标准相适应的问题，始终是值得人们进行探讨的。

社会非正式制度文化是指对人的行为不成文的限制，是与法律等正式制度相对的概念，包括价值信念、心理规范、道德观念、风俗习惯和意识形态等。就此而论，高考改革受到的正式制度约束，主要是国家的政治经济制度，我国从 1977 年恢复高考以来的几乎所有高考制度变迁，都是政府主导下的强制性制度变迁，自上而下的通过制定高考相关的政策法规得以快速、有效的执行，正说明了这种制度文化的制约性。

从社会文化心理制约机制来说，高考改革困难的重要原因，的确是整个社会存在恋考心理，个人在整个社会中被承认才能，所依据的并不是其家庭出身所带来的财富、权势等，而主要是其在国家考试中的成绩；存在统考心理，一场公平的考试一定是全国统一的考试，实行的也是统一的命题、招生计划、分数线以及录取政策。而没有招生考试的情况则基本都是不可信或是完全就是假的。考试方式除了统一的纸笔测试以外，都会因社会诚信不足而不足信，不是真正的公平，存在投机心理，应试者因为考试自身就存在的这种功利性质，会最大程度，也是最快地将潜在、显在的利益进行获取，由此进入到激烈的竞争之中，哪怕这样的后果是会让竞争规则遭到破坏；存在伪科学心态，并没有将考试真正地作为科学事业来看待，对考试科学性的提升也永远只会停留在口头，而在现实的学习工作中却不愿意花费人力与物力。

中国统一高考制度的建立，正是由于正式制度和非正式制度的共同作用。其佐证有三：一是新中国成立后国家掌握了所有的政治经济权利，包括一些高等学校的国有化，如教会大学与私立高校等，国家也自然而然地拥有了招生考试的权力；二是相对突出的高等教育的供需矛盾，因为有着严重不足的高等教育资源，使得国家政策倾向于使更多的干部、工人、农民接受高等教育；三是在国人的记忆中，始终存在"大一统""科举公平取士"这些传统文化的观念。

（二）高考的文化功能

高考的文化功能，主要是对社会主流文化的选择与传承，对人类文化的整合和创新，人类文化总是在继承和创新中不断发展。历史上的科举制，就是对四书五经等儒家经典文化的继承。现在的高考制，是对现代科技文化的继承，但国家更期待能选育出对现代科技文化有创新潜质的人才。

高考的文化功能有实然功能和应然功能之分，前者代表现实作用，而后者代表理想追求。就现实文化功能而言，高考制度贯彻"公平竞争，择优选才"原则，主要以考试成绩为标准决定录取，为国家输送了大量合格新生，有效传承了社会的主流价值观和科技文化。

但高考面临的高考公平与效率矛盾，高考的理想性文化功能要进一步增强公平正义。这是作为社会制度的高考的首要价值，如同真理是思想体系的首要价值一样。从社会政治经济制度而言，高考是对教育资源的竞争性分配，所以公平正义不可能不成为一种社会制度的高考的首要价值，这是一种求善原则。求善，则要选择能承载社会伦理、更能承担社会责任的大学新生，把他们培育为能为社会做出道德示范的建设者。

另一个方面，高考改革还面临素质教育与应试教育的矛盾，所以作为思想体系的高考的首要价值，就是求真。求真，就是高考招生与考试标准，发挥人作为文化动物具有继承性和创新性的一面，既要通过考试内容标准等传承人类文化的精髓，传承人类的科技与伦理思想，又要通过招生评价标准来适度体现人的创见性，为高校培养具有科技创新发展潜力的大学新生，创新是 21 世纪的教育目标分类学提出的最高目标。

第二节　关于高中教育的时代思考

一、国际高中教育发展趋势

对一个学校的发展进行分析，离不开大的教育背景，离不开国际教育与国内教育发展动向，而一个学校的办学理念、教育创新更是离不开当下教育改革的大环境。"他山之石，可以攻玉"，要想快速发展我国的教育事业，我们很有必要借鉴国外的经验，从他们的教育改革和目前的教育状况来汲取经验为我所用，在改革中我们就可以少走弯路，就可以使教育迅速而健康地发展。

高中的任务是要让这一阶段的青年发挥出其内在的潜能，在促使他们发现自我的同时也要通过各种方法与途径，更好地帮助他们选择自己不同的未来。不管是职业教育还是普通教育，高中教育都是为了促使发展个体而存在的过程与经历。这种普通的高中教育应当是可以让每一个学习个体都能获得学习和成长，而并不是单纯的教育过渡。所以，高中教育更应该为学生提供适合他们自身情况的培养途径。

随着大家如今开始普遍接受终身教育这一思想，各国对高中教育的独立价值都开始加强了重视，同时他们还非常注重改革与发展高中教育的政策、制度与实践。在联合国教科文组织的报告《从信息社会迈向知识社会》中，明确提出了一种观点，那就是"走向全民终身教育"，这一理念的提出，是将教育权的高度上升到了与人权同样的水平线，教育的核心是人，尤其强调了发展教育是为了促进人自身的发展，满足个体有尊严地生活和工作的需要。

简言之，当今国际视野下的普通高中教育改革，已站在全民终身教育的高度，将改革的范围扩大到了整个高中教育阶段，强调与社会相联系，以适应处于不同发展阶段的每个学生的需要。虽然各个国家高中教育改革的具体内容是根据本国教育现状进行，彼此各不相同，但通过研究发现，各国新一轮高中教育改革的趋势动向具有内在一致性，即强调高中教育在提升国家竞争力和全民基本素质方面的基础地位；从学生自身发展的角度对高中的教育目标进行设计，是为了对高中教育中发展人的首要地位进行强调；而从知识结构上说，不仅要有基础的技能与知识，还应当特别对新时代需要的批判思维、公民责任、职业规划、实践能力和国际理解等方面进行强调。具体来说，国际高中教育的趋势有以下方面。

①高中教育应对学生和社会发展的需要加以适应。联合国教科文组织发布的《教育——财富蕴藏其中》一书中，从中等教育的改革体系方面看，其中提出的21世纪的教育应该注重四个维度的知识：学习怎样理解，学习怎样去实践，学习怎样与他人、动物、自然等外我客体相处，学习怎样成就自己。四个维度的知识关乎生涯、生命及终身学习等多条路径，旨在为学生终身发展奠定基础。后教科文组织和国际教育局又号召各国推进"全纳教育"，意思是其对所有学生都展开包容的态度，对待歧视排斥的行为要进行反对，重视集体合作，并积极地参与进去，从而使其不同的需求都能得到满足，属于一种没有歧视与排斥的教育。这一理念也启发我们需关注学生的个性需要，开展好独具特色的体育、科技、艺术、民族教育，让每一位学生做自己人生的导演。

②关注普通教育与职业教育的整合，注重在普通教育中渗透职业生涯指导。

美国的《21世纪技能计划》中，对学生提出的21世纪中需不断适应变化的基本技能一般有：沟通技能、理性思辨与系统性思维、责任感与适应性、信息与媒体素养、自我引导与人际交往、合作能力等。并且，以这些技能作为指导的教育改革思路也已经得到了教育界的广泛认同，并据此理念，进一步提出了区分传统职业教育和现代生涯教育的思想。而同时在提出了大职业教育观与终身教育理念之后，人们开始重新认识职业学校与普通高中的差异，强调其在培养人才方面是没有高低层次之分的，而必须将它们置于等值地位，进行融合。欧盟从2007年至2013年实施的第二代"达·芬奇计划"，是史上资金投入最多、参与者数量最大、实施地域最广的职业教育培训计划，旨在推动整个欧洲"知识型社会"的形成。这些整合举措为我们在普通高中开展生涯职业教育打开了思路。

③整合社会资源发展高中教育，培养终身学习的能力与兴趣。为了让在普通高中的精英学生能崭露头角，除了在各国进行特别教育以外，还应学会借助高校的力量。同时很多国家还积极整合社会资源参与高中办学，如图书馆和科技馆等这类社会教育场所等，都是向学生免费开放的。

二、各国高中教育发展对我国的启示

（一）积极探索建立多渠道筹资机制

在社会主义初级阶段的国情下，教育经费不足将是相当长一段时期内制约我国教育事业发展的"瓶颈"。面对巩固发展"普九"成果和高等教育扩招的双重压力，高中阶段教育经费严重不足问题必将更为突出。从各国发展高中阶段教育的经验中不难看出，除了对高中教育财政方面的支持进行了加强以外，拓宽教育经费的来源渠道，特别是增加私营、私人教育投资，既是一项应急之举，也是长久之策。

1. 多渠道筹措教育经费

（1）不断增加国家对高中阶段教育的投入

高中阶段教育虽属于非义务教育，但仍具有较强的公益属性，发展高中阶段教育是政府不可推卸的责任。而中国的基本经济制度、经济结构和经济发展水平，又决定了在相当长的时期内，民间资本的投入只能起到补充作用。因而，加大政府投入是高中阶段教育健康发展的重要保证。1995年中共中央颁发了《关于教育体制改革的决定》，其中确定了要确保教育经费"两个增长"原则，即中央和地方政府对教育拨款的增长幅度要略高于财政经常性收入的增长和在校生人均教育经费应逐步增长。但总体上看，全国各地离这一要求还有较大的差距。面对新世纪的挑战，必须进一步明确教育的战略重点地位，切实加大教育投入。要从实现全面建设小康社会目标和建立有中国特色社会主义教育体系的战略高度，充分认识高中阶段教育发展的战略意义，加大对高中阶段教育发展的支持力度。

（2）提高学生学杂费标准

在《中国教育改革和发展纲要》的规定中，要对学生在非义务教育阶段的学费标准以提高，并且按照情况的不同来确定学校在义务教育期间的杂费标准。高中阶段教育属于非义务教育，按照成本分担的原则，应结合当地的经济社会发展水平逐步提高收费标准，以缓解经费紧张的局面。与此同时，建立健全减、免、奖、贷等配套制度，确保经济困难学生能顺利完成学业。

（3）鼓励捐资助学

国际发展经验表明，积极拓宽社会融资渠道，是解决高中阶段教育发展经费需求的重要途径。随着我国经济结构多元化及人民生活水平的提高，多渠道融资的条件大为改善。应积极鼓励和提倡企业、事业单位、社会团体和个人捐资助学、集资办学，广开兴学之路。大力盘活社会资源，拓展高中阶段教育的发展空间。

（4）征收教育税

我国征收的城市如今农村教育费、城市教育费与地方教育费都属于附加状态，虽然是具有一定强制性的，但这并不属于税收部分。征收部门在实际征收之中，步骤通常是首先保税，其次收费，通常情况下的缴费个人与单位也都基本只重税而轻收费的，由此一来漏征面就很宽。而为了对这一弊端进行克服，可以向美国的教育税进行借鉴，其是专门对教育经费进行解决而征收专门税的。目前，国内有的地区已经进行有关试验。这一举措如果能付诸实施，不但可以从体制和机制上解决教育的投入问题，也将使全社会支持关心教育的程度显著提高。

2.调整拨款方式与支持重点

各国财政拨款的主要形式通常情况下都是使用公式拨款，而将基础设施建设、专项拨款的项目拨款作为辅助。公式拨款的基础通常都是实行统一标准的，那就是无论学校有着怎样的基础水平与条件，同等学生数都会获得相等的经费拨款。我国在高中阶段教育发展过程中，不但面临总量不足的矛盾，也面临着优质教育资源短缺的矛盾。在这种情况下，如何处理好普及与提高的关系、优质高中发展与薄弱高中改造的关系，兼顾效率与公平，有效促进高中阶段教育健康发展是非常值得研究的问题。

（二）构建公办与民办高中共同发展的办学体制

1.鼓励社会力量办学

国外私立学校的发展经验表明：通过实行税收优惠而使私立学校得到大量经济来源是一项行之有效的措施。我国还处于社会主义初级阶段，刚刚达到基本小康阶段。基本小康阶段的经济发展水平还比较低，国家财力有限，支持公办学校发展尚承受巨大压力，支持民办学校发展就更加困难；而与此同时，人民的收入水平还比较低，这就决定了收取学费、建立教育成本分担机制只能逐渐进行。因此，民办学校既不能寄希望于财政的大幅度支持也不能只依靠收取学费来维持发展。在这种情况下，对民办教育持续健康发展的经费来源问题进行解决的重要举措，就是将税收优惠政策在民办学校中实行。

2.发展民办高中

民办教育的良莠不齐在发展初期是很难避免的。但随着量的增长，也要追求质的提高，要处理好普及与提高的关系。日本的高中教育不属于义务教育阶段，私立、公立高中都需经过入学考试，而私立高中入学考试竞争相当激烈。私立高中之所以独具魅力，究其原因就在于其"保质保量"上。

一是日本的私立高中英语和数学的课时远远超过公立高中；二是私立高中重视学生的礼节规范教育，与公立学校规范教育荒废现象形成鲜明对比；三是私立高中同家长、地区的联系密切；四是私立高中对于升学考试有相应的对策；五是私立高中的校长更善于发挥领导作用。同时，不少私立高中具有特色，除了有利于升学考试以外，还重视"文武两道，质实刚健""诚实品格"的教育。

以名牌的私立开成高中为例，这所名牌私立高中近年来考入日本最高学府东京大学的人数最多，提倡自由和质实刚健的学风，探究真理，进行能掌握高深知识的教育。正因为如此，私立高中的入学竞争非常激烈。就我国目前民办高中发展情况来看，由于受经费、政策等诸多因素的制约，总体质量不高，远未形成与公办高中抗衡的局面。加快民办高中的发展，一要形成规模优势，二要形成质量优势，应在量的扩大的基础上求质的提高。前者追求的是阶段性的跨越式发展，后者则将是长久的可持续发展。

3. 健全民办教育法律法规

社会主义市场经济社会是法制社会，既要依靠法律来规范社会行为，也要依靠法律保持合法的权益。随着民办教育的发展，办学行为不规范、办学利益受到侵犯的事情屡有发生，已极大地影响了民办教育的健康发展。《民办教育促进法》获得全国人大批准，体现了这必将对促进我国民办教育的发展发挥巨大的作用。今后，一是应把《民办教育促进法》落到实处，切实做到有法必依，违法必究；二是应加快从中央到地方的配套性法规、条例的建设，完善民办教育法律体系。

在具体实践中，在保护民办教育自主权，提高其公共性方面，要注意结合国情来吸取国外经验：①在产权明晰的情况下，法律规定、承认举办者同意投资者可以在一定范围内得到合理的回报，这在一方面体现了民办学校在具有公益性与公共性的同时，也将部分应由国家承担的教学责任进行了承担，而另一方面则对举办者进行了一定限制，防止其实现办学行为的最大利润化，从而让其办学目的并不对立于民办教育事业的公益性和公共性，促进和保障民办教育的健康发展；②在民办教育的行政管理权行使方面，教育部门应健全民办教育的审批、注销制度，审批学校时严格遵循各学校的审批权限与程序；③在管理手段上，不仅要对直接行政管理手段进行运用，还要使用间接行政管理手段与法律手段。

（三）积极探索高中教育的有效实现形式

在高中阶段教育发展过程中，我们必须解决好两个方面的问题：一是高中阶段教育要满足不同层面的需求。除了要对人们逐渐增长的希望子女受到高层次教育的需求进行满足，还要实现农民对奔小康的强烈渴望，以及社会发展和当地经济的需求等；二是为高中阶段的教育开设出一个通畅的出口，构建人才成长的立交桥，完善劳动预备役制度，从而形成就业与升学都能顺利发展下去的良好局面。国内外发展综合高中的经验值得我们学习、研究、借鉴。

从我国的现状来看，发展综合高中至少有两个方面的现实意义：第一，发展综合高中对高中教育实现拓展的形式，并形成职业、普通和综合高中，以及基于此的民办高中等进行多体制发展的局面，进一步实现普及高中阶段的教育目标。第二，综合高中的发展将使其教育阶段的实效性、吸引力等都得以提升。综合高中的发展不仅能对各个层面的需求以满足，还是作为人才成长的立交桥而存在的，这在对中等教育的发展成果巩固以及高中教育的吸引力提升方面，都有着相当积极的作用。

三、国内高中教育发展动向

对整个教育系统来说，高中教育刚好是处于中段的位置，有承上启下的效果，关系着基础教育和高等教育的提高与发展。受高考指挥棒的影响，国内高中在理念方面虽有可表，但在实践方面却不尽如人意。以下仅就国家政策导向方面做些梳理，以见高中教育发展的动向。

20世纪90年代，我国就高中教育培养目标问题对个性发展的突出已经做出了一定强调，并要求学生要学有所长，以及对社会需要进行适应，发展其自身多样性。由此，高中教育最大的使命就是育人，即促使人成长。因此，高中教育的主要功能应该是为学生的未来发展奠基，培养目标应该突出基础性和多样化。

《纲要》中还提出了我国高中教育未来十年的发展目标是实现特色化与多样化。同时，《纲要》要求，我国中长期普通高中教育发展的规划，应以办学模式多样化为切入点，整体重构高中教育体系。关于高考改革的明确部署都可以在新时期党的纲领性文件中有所体现，并对改革高考方向产生了决定性影响。但有关高中教育的定位、改革的方向等问题，还是需要进行下一步讨论的。

从国家的政策导向可以看出，未来我国高中教育将落实基础性与多样化的辩证统一。高中教育属于基础教育，是在对合格公民的基础教育进行培育后的完成阶段。而对于高中教育的定位，更多需要应当是在成人之前，学生应该得到什么，而不是在入学时需要准备什么。而多样化的含义则是在确保学生有平等机会的条件之下，将更多种选择摆在学生面前，并对学生差异采取包容与尊重的态度，促进其个性的发展。为了对高中教育多样化的推进，学校需要深化课程改革，构建奠基终身发展的课程体系，并提供多样化选择。如果义务教育阶段被看作是统一与基础的强调，那么高中教育就应该是"为每个人提供合适的基础教育"，其通常体现在对个性、差异的尊重，即要在打好基础性的底气上，深入开展拓展型、研究型的课程教学，着眼于每一个学生的终身发展。

四、国内发展高中教育的基本经验

（一）加速教育创新

各地的发展实践表明，面对巩固与发展"普九"成果与不断扩招的高等教育的双重压力，如果按照传统意义上的高中教育是一定会陷入两难境地。因此，其需要做到的方法只有让教育创新实现加速，并通过创新的举措、思维等对高中阶段教育的发展进行实现。各级政府也应当充分将其宏观的调控作用发挥出来，并在投入到高中阶段教育时，进行区域教育资源的优化配置，使教育资源得到周转。同时，为了对教育融资能力加以提升，应当对金融、财政与信贷等手段进行充分利用，同时对现有所投入的高中学校设施加以改进，采用贷款、拨款相结合以及政府补贴利息等方式，使政府有效资金扩张效应得到充分发挥。

（二）大力推进办学体制创新

充分发挥政府的主导责任并不等于政府包办高中。面对社会主义初级阶段的现实国情，面对高中阶段教育人数激增的压力，面对人民日益增长的需求和巨大的潜在教育市场，必须在建立科学合理的成本分担机制的同时充分吸引社会广泛参与，充分吸纳和盘活社会资源，进一步推进多元化办学体制改革。特别是要大力发展民办高中教育，提高民办高中在整个高中阶段教育体系中所占比例，为整个高中阶段教育体系注入活力，同时促进公办高中教育机制创新，形成公办、民办、国有民办、民办公助等多种形式协调发展的局面。

（三）正确处理普及与提高的关系

在高中阶段教育中，会同时面临缺少总量和优质资源的矛盾，所以高中教育的发展就应该将普及、提高的关系做妥善处理。首先，就是要将可以接受的高中教育比例进行提高，尤其是对在吸引农村高中阶段教育的力度方面要进行加强，从而进一步提高高中阶段教育被农村所能接受的比例；其次，就是要对高中教育的质量予以提高，扩展覆盖优质资源面积，解决择校方面的社会问题等。在当前，应当将突破口看作是扩张中的优质高中资源，努力做大和做强农村、城市的优质高中资源，从而进一步使区域教育得到协调发展。

五、启示与反思

综观国内外的高中教育改革，我们不难发现，高中阶段的教育有其特殊的历史使命，当下的高中教育越来越注重学习者的终身发展与个性发展。学生在高中阶段，不仅能够学习到重要的知识，同时也能促进自身人格与身心健康的发展，这对于其今后的终身发展有着不可磨灭的意义与作用。当前社会与学生个人都对普通的高中教育有所要求，即让其呈现出多样化的发展趋势，而在高中阶段的教育也要将自身定位加以明确，实现以人为本原则，尽可能多地为大学输送人才。

所以，除了要对学生的未来发展有所关注，还更需关注学生的当下，也就是学生是否在这一阶段是不是真的想要学习，是不是能够顺利且愉快地成长为拥有一定创造力、个性以及可以实现自我成长的学习者。

面对国际国内的教育改革大背景，我们对新中学今后的未来发展也应进行深刻思考。

首先，要更新教育观念，坚持终身学习观。不论是学校领导、教师还是学生，都应改变对教育的传统看法，变"教"为"学"。要清晰地认识到，高中教育不仅仅是课堂的教学，教学内容也不仅仅局限于教材上的知识，并且教育的目的也不再只是为了升学；更要明白，当下高中阶段的教育应在终身教育体系中加以思考，是基于个体的终身发展与全面发展而开展的活动。

其次，创新教育实践，倡导生涯教育和生命教育。为了学生的终身发展，学校教育一定要给予学生走出校园后工作、学习、生活的能力与情趣，懂得体验生命的美与善，过有人情味的智慧人生。这有赖于教育管理、课程设置等多方面的共同促进。随着教育改革的深化，学校课程应是多类型、保质保量的。基于此，新中学在固定的班级分层的管理上，又根据学生的特长进行分层，实现因材施教，这样不仅可以发挥学生特长，还能得到学生一致认可。每一学段都有自己存在的独立价值和特定任务，中学教育需要从准备升学这一价值论的泥沼中走出来，并将其失落的内在价值找回来，贴近学生生活的实际需求，为学生的终身发展奠定基础。

最后，紧跟时代要求，不断推进高中教育现代化。教育现代化有着丰富的内涵，诸如个性化、国际化及信息化等，但其出发点与归宿落实到根本，还是以人的发展为依归。现代化寄宿制高中的国际视野应是面向未来、面向世界、面向人的内心世界的。面对当前的改革要求，学校的课程更加多样化，学生的选择权更广泛，然而我们也要注意，让学生自主选课，采取走班制的"高中大学化"的管理模式，是否会导致学生课表上选了某一门课，但实际上并没有到课的问题；是否会出现增加了孩子学习选择权，但并未增强孩子选择能力的问题。

目前我国的教育改革的想法是好的，是有利于学生终身发展的，但是在具体的学校教育过程中，我们也要注意相关操作性的细节问题，才能真正实现这一改革目的，才能真正地促进学生的终身发展。新中学的未来发展离不开国际国内教育发展的大环境，其发展是紧跟时代的发展，是与时俱进的发展，新中学应勇于开拓创新，更应始终以学生为本进行创新，不断丰富奠基终身发展的理论内涵。

第二章　我国普通高中的发展概况

近年来，我国高中教育得到了迅速发展，并且在各个方面都取得了一定的成效。但是，我们不可否认与忽视的是，在高中办学阶段中会存在一些失范的行为。比如，招生过程不透明、收费不合理、学生负担太重、单一地追求升学率等。这些问题都阻碍了我国高中教育的良性发展，也阻碍了素质教育的全面开展。因此，我们必须规范高中的办学行为。本章分为普通高中教育发展现状、我国高中教育得到的经验、新高考改革发展的重要内容三部分。主要内容包括：高中教育的普及情况、普通高中教师队伍发展状况、推进我国高中的内涵发展、规范普通高中办学行为、高考改革与人的发展、高考评价改革的内容与路径等。

第一节　普通高中教育发展现状

一、高中教育的普及情况

（一）普通高中招生规模基本稳定

从年度变化来看，2001 年到 2005 年全国高中招生规模快速增长，总人数持续增加，2005 年以后趋于稳定。但是，受到普职比例大体平衡政策的影响，2006 年到 2009 年普通高中招生数量减少，逐渐形成负增长趋势。2010 年到 2011 年普通高中招生数量又逐渐变成正增长趋势，2012 年到 2015 年，呈现出招生数量减少的一个趋势，2016 年到 2018 年，整体上看又逐渐呈现出增长的趋势。

如果按照区域不同来说，东部地区的高中招生数量一直都比中部与西部的高中招生数量多。总体而言，随着西部地区的开发，西部地区的招生数量实现了比较高速的增长。从近十几年来的高中招生数量来看，自 2006 年以来，东部、中部、西部地区的高中招生数量的增长速度都开始放缓，部分地区呈现负增长趋势。虽然西部地区的高中招生数量在不断增加，但是还有一定的增长空间。

（二）普通高中在校生规模稳中有别

从近几年的普通高中在校生数量发展情况来看，普通高中在校生数量由快速增加到逐步稳定，普通高中在校生数量增长率也由正增长转向负增长，再由负增长转向正增长。

从各地区的高中在校生数量来看，东部地区的在校生数量相对较多。但是，近十年来，西部地区的在校生数量增速较快。尤其是在东部与中部地区的高中在校生数量都呈现负增长趋势的时候，西部地区依然呈现正增长趋势。

（三）普通高中男女学生比例大致相当

随着高中在校生数量的不断增长和国家实施男女平等政策的影响，普通高中的女生数量逐渐增加，男女比例逐渐平衡。虽然女生在校生数量依然少于男生，但是已经有了明显的增幅。

（四）普通高中学生区域间分布差异较大

与高中区域分布情况一致，高中生也主要集中在城市和县镇，农村和城市学生都有不同程度的减少，但是农村减速明显快于城镇。从区域高中生的招生情况来看，城市和县镇高中招生数量趋于稳定，农村高中招生数量大幅减少。随着农村高中布局调整过程中撤点并校的政策以及学校资源等方面的影响，部分农村高中生只能选择在县镇和城市中就读。

（五）普通高中教育普及程度进一步提高

毛入学率是衡量某一学段普及程度的重要指标。2011 年到 2019 年，在普及高中阶段教育政策的推动下，高中阶段的毛入学率快速增长。在 2011 年高中教育阶段的毛入学率达到了 84.5%。值得一提的是，2011 年的初中升学率达到了 88.9%，由此可见，初中毕业生的升学率与高中阶段的教育毛入学率的差距变小，这说明初中毕业后绝大多数学生都升入了高中，进一步提高了高中阶段的教育普及化程度。到了 2017 年，全国大部分地区的初中升学率都已经超过了 90%，只有少数西部地区的省份还依然在 90% 以下。截止到 2019 年，我国高中阶段的毛入学率已经达到了 89.5%，比 2018 年提高了 0.7 个百分点。

二、普通高中教师队伍发展状况

教师队伍建设是高中发展的一个关键因素，以下将对现在高中的师资情况进行分析。

（一）普通高中教师队伍逐渐壮大

近十几年来，随着高中教育的普及，高中教职工人数也逐渐增长，尤其是高中教师的增长较快。2019 年，普通高中教职工达 283.37 万人，比 2018 年增加 9.11 万人，增幅 3.32%。女教师的数量大幅增加，教师的男女比例也趋于平衡。

（二）农村高中师资情况不容乐观

从普通高中教师趋于分布来看，高中教师主要分布在城市和县镇，并且随着高中区域布局的变化，农村高中教师的总人数不断减少。另外，从各个区域的高中女教师的数量变化来看，在城市和县镇的女老师人数不断增加，农村高中女老师的数量逐渐减少。这反映出农村高中女老师也开始逐渐向城市和县镇集中。

（三）高中教师队伍结构

随着国家对高中教师队伍的投入不断扩大，高中教师的年龄结构逐渐稳定。我国高中教师进一步实现了年轻化，高龄教师的比重进一步降低。从专任教师专业技术职称分布来看，绝大多数的高中教师都拥有中学二级及以上的职称。从高中专任教师职称结构变化来看，中高级职称教师比重不断增大，高中教师的整体水平不断提高。但是，高中教师的技术职称水平的城乡差距依然明显。

（四）普通高中教师队伍整体素质稳步提高

随着免费师范生政策和"农村义务教育阶段学校教师特设岗位计划"以及"农村学校教育硕士师资培养计划"的开展，普通高中专任教师的学历合格率逐渐提高。其中，东部教师的合格率比较高，高于全国教师的合格率，县镇和农村高中教师的合格率低于全国平均线。高中高学历教师的教师比例快速上升，但是还存在着明显的区域差异。虽然农村高中高学历专任教师的人数最少，但是增长速度是最快的。我们在肯定这个成果的同时，还要优化高质量教师的区域分配。

三、普通高中教育经费投入现状

（一）经费的投入增多

高中教育属于非免费的义务教育，它的教育经费的来源比较多样化。国家财政性教育经费、事业收入、民办学校举办者投入和社会捐赠经费等都占有一定的比例。财政拨款是高中教育经费的主要来源。随着"加快普及高中阶段教育"的不断发展,高中教育经费的投入也不断加大,各类教育经费的总额也迅速增加。2019年,高中教育经费总投入为7730亿元,比2018年增长了7.53%。但是,企业办学中的企业拨款、校办产业和社会服务收入及社会捐款教育经费都出现了不同程度的减少。另外,学杂费和民办学校举办者投入有所增加。

2019年,普通高中教育经费占据全国总教育经费的15.4%。虽然高中经费投入总额在不断增大,但是其在各国各级各类学校教育经费投入中的份额开始逐步减少,这与国家加大"两基"攻坚力度、增加经费投入密切相关。

(二)高中生均教育经费快速增长

近年来,高中生均教育总经费逐年增长,并呈现逐年增长的趋势。普通高中生均预算内教育事业费也保持快速增长的趋势。高中生均预算内教育事业费在东部地区的生均拨款额度远远高于中部和西部地区,其中中部地区额度最小。

(三)高中生资助体系

为了帮助经济条件比较困难的学生,让每位学生都能够得到公平的受教育机会,我国用于高中生的奖贷助学金不断增加。2016年12月,财政部、教育部联合出台了《普通高中国家助学金管理办法》,主要是为了对普通高中国家助学金管理做进一步的规范和加强。

从生均经费来看,近几年,东部、中部、西部地区的高中生均预算内奖贷助学金支出快速增长,西部支出总额最多,这种现状符合我国的政策导向,体现了教育公平的特点。

从生均高中奖贷助学金支出增长率来看,西部地区一直保持着增长趋势,东部和西部偶有下降。随着高中教育的不断普及,国家对教育的投入力度不断加大,对于经济困难的学生的扶助力度也不断加大,扶助体系不断完善。我国建立了以政府为主导,国家助学金为主体,学校减免学费等为补充,社会力量积极参与的学生资助政策体系。

财政部、教育部还联合出台了《关于建立普通高中家庭经济困难学生资助制度的意见》,强调建立健全普通高中家庭经济困难学生资助政策体系的重大意义,并设立了普通高中贫困学生资助的基本办法和框架。《关于建立普通高中家庭经济困难学生资助制度的意见》确立了国家助学金制度、学费减免制度、鼓励社会捐资助学校三个方面的资助内容。《关于建立普通高中家庭经济困难学生资助制度的意见》规定，普通高中国家助学金资助面约占全国普通高中在校生总数的20％。根据地区差异，进一步规定东部地区为10％，中部地区为20％，西部地区为30％。国家助学金所需经费由中央和地区按照定的比例共同分担，具体比例按照具体情况确定。

（四）高中校舍数量有所增加

校舍是高中教育发展的必要条件。学校的校舍条件在某种程度上反映了当地的教学条件。从2011年到2018年，全国校舍数量整体上有所上升，具体数据见表2-1。

表 2-1　2011—2018 年校舍数量变化

年份	2011	2012	2013	2014	2015	2016	2017	2018
数量	13 688	13 509	13 352	13 253	13 240	13 383	13 555	13 737

（五）高中设施设备状况

教学仪器设备和实验室作为最基本的办学条件，是每个学校都应该具备的，同时，它们也作为教育教学的主要活动场所和重要的课程资源，在学校建设的组成部分当中也占据着举足轻重的地位。新课程改革对高中设施设备的要求越来越高，我国高中教育设施在近十年来，除了校园网有较大变化之外，增幅达到了53％，其他方面的设施发生的变化不大。比如，体育场和理科实验设备达标率的增幅在2％；体育器材的增幅在6％左右等。一般来说，影响教育质量的主要因素包括教育的现有基础以及办学条件等。随着高中规模的不断扩张，办学条件不足、教育资源紧张等成为制约高中教育的重要因素。因此，各个学校必须根据课改的要求，改善办学情况。

四、我国高中教育存在的问题

（一）各地区发展水平不均衡

沪、京、吉继续教育综合发展水平全国领先，黔、青、宁、藏继续教育综合发展水平相对滞后。根据目前已公布并获得的最新统计数据，对我国31个省（市、自治区）的继续教育综合发展水平进行了整体评价和比较分析。

全国14个省（市、自治区）的继续教育综合发展水平高于全国平均水平，其中上海、北京和吉林的得分远高于其他省（市、自治区），并在全国处于领先地位。然后就是天津、浙江、新疆、重庆、四川、黑龙江、河南、河北、江苏、陕西和山东这些省（市、自治区），它们的继续教育综合发展水平得分在全国范围内属于中上层。此外，有 17 个省（市、自治区）的继续教育综合发展水平要比全国的平均水平低，尤其是贵州、青海、宁夏和西藏，位居全国后 4 位，和其他省（市、自治区）相比，还存在着比较大的差距。

（二）继续教育机会和资源的发展水平存在差异

人力资源存量、继续教育机会和继续教育资源的发展水平，存在着非常明显的地域差异。通常，我们会将大陆地区的 31 个省（市、自治区），按照地理特征和行政区划分成四个区域：京津沪地区、东部地区、中部地区和西部地区。不同区域间以及区域内部各省（市、自治区）之间在继续教育发展水平和特征上都存在差异。其中，京津沪地区就是北京、天津和上海，主要位于环渤海和长三角经济圈，这三个直辖市的继续教育综合发展水平均进入了全国的前十名。可以说，北京、天津和上海的继续教育发展水平一直都处在领先地位。总之，北京、天津和上海在继续教育发展的各个方面所具有的实力都是非常强大的，其特点是人力资源丰富，继续教育的机会更多，继续教育的资源更加充足。

（三）超级中学正在逐步垄断著名高校入学资源

各地都有若干所重点中学中的"重点"，人们称之为"超级中学"。这些中学大多集中于省会城市或者其他大城市，拥有充足的经费和优厚的政策支持，几乎垄断了该地区及周边的优秀生源及优秀教师，高考状元屡出、高分学生集中且考入著名高校人数较多。在不少省份，少数几所"超级中学"甚至占据了北京大学、清华大学招生名额的一半以上。近些年实行的自主招生和保送制度，推荐名额也往往由少数"超级中学"分享。从全国范围看，中西部地区普通高中教育资源集中程度更高，这说明，西部地区教育总体欠发达、优质资源集中的问题更加突出。

（四）高校新生中农村户籍学生比重不断下降

近十年来，农村学生考入北京大学、清华大学的比例不断下降，虽缺乏公开的官方数据，但有专家调研发现，这个比例降到了仅一成左右，而同期农村考生却占全国高考生的六成以上。

究其原因：一是城乡高中教育资源配置"重城轻乡"。二是现行课程、教学和考试内容，也使城市考生更具竞争力；与刚恢复高考的一个时期相比，现行高考更加强调考核知识点、知识面因素，而非智力因素，英语、理化实验、信息网络等方面知识占据的比重越来越大，这明显对农村考生不利。特别是，近年来自主招生、特长生、保送生等制度拓宽了高校选拔渠道，高考成绩中的特长加分有的甚至达到 20 分，但是，农村考生却很难从中得到任何的好处。由于农村学生没有太多机会获得"补偿性教育"，如艺术、体育和奥林匹克竞赛等，自招考试的城市化和信息化特征，显然也不利于农村考生。三是城乡家庭收入差距明显，在教育投入方面的差距更大。与城市学生相比，受经济条件限制，农村学生参加各种课后班、补习班以及聘请家教的机会，大大低于城市学生。这些因素都使农村学生处于竞争弱势地位，而上不了好大学，又会影响其一生的发展。

（五）省际入学著名高校机会差异十分明显

目前，全国招生的高校在所有省份的招生名额大致都是固定的。由于每个省的教育程度、考生人数和录取地点都存在差异，致使不同省份考生实际进入高校的机会也就不同。一些研究者提出了各省的"入学机会指数"的概念，来度量和比较同一高校在不同省份招生录取上的差异。计算公式如下所示。

招生比例 = 招生数 / 考生数

考生比例 = 省际考生 / 全国总考生

各省入学机会指数 = 招生比例 / 考生比例

入学机会指数主要是用来对某个地区考生进入某大学机会的大小进行反映。指数为 1，可以认为是"正常考区"；大于 1，是"优势考区"，考生进入著名高校的机会更多；小于 1，是"劣势考区"，考生进入著名高校的机会更少。省际之间高考录取名额、录取分数以及入学机会指数存在差异，有其合理性，也是历史形成的。但如何使各地区考生机会更加均等，是一个需要解决的课题。

（六）师资配置问题

毫无疑问，城乡之间的差异会影响教师资源的分配。由于教师资源正处于不断丰富的阶段，尤其是政府不断努力确保农村学校合格教师的供应，城乡学校教师资源分配水平的差异越来越取决于人口分布的地理特征。在教育的各个阶段，城市、县、乡镇以及农村的小学教师资源配置水平已经呈现出较为均衡的状态，小学教师资源配置的集中程度可以大致视为根据需要分配的水平，这为在新的资源分配层次上设定教师标准提供了参考。县、乡镇的初中教师的富裕状况仍然比较明显，多数省份的普通高中仍处于短缺状态。

第二节　我国高中教育得到的经验

一、推进我国高中的内涵发展

我国应该吸收和借鉴国际先进的教育探索经验，完善我国的教育制度。中国开始建立创新型国家，这就对普通高中教育提出了更高的要求。在建设创新型国家方面，《国家中长期科学和技术发展规划纲要（2006—2020 年）》（以下简称《规划纲要》）所提出的总体目标是："到 2020 年，进入创新型国家的行列。"这是提高我国综合国力的关键因素。

我国处于一个新的起点，正在建设创新型国家，走新型工业化道路。这就迫切需要培养大批高素质和创新型人才。普通高中教育作为承上启下的教育阶段，直接影响劳动力的质量。因此，我国普通高中教育应该走向内涵发展。

世界各国的经验表明，教育的规模扩张与质量提高并非同步，前者往往先于后者发展。我国九年义务教育的普及以及高校的扩招等因素，都促使我国普通高中教育的需求呈现出了不断增长的趋势。目前，我国教育现代化的首要目标就是加快建设较为优质的高中教育资源，使人民群众的文化教育需求得到最大程度的满足。

二、规范普通高中办学行为

（一）规范高中招生行为

现在，我国还没有专门的法律法规来规范高中的招生行为，这就导致我国高中在招生方面，标准趋于随意性。考试是高中录取的主要指标，这就使得我国高中教育招生比较片面。为了克服这个问题，很多高中采用推荐、保送等方式进行招生，但是依然没有解决这个问题。另外，由于高中招生行为缺乏相关部门的监督，很容易在招生过程中出现腐败现象。

为了解决这个问题，就必须要尽快规范高中招生行为，具体为：首先，我国应该继续提高对普通高中招生考试制度的认识，严格落实相关部分的要求，继续贯彻中考改革的指向。其次，要改变单纯依照成绩招生的方式，完善录取方法。招生不应该单纯依靠中考成绩，而是要把学生的综合素质作为评价依据。我国要继续支持与鼓励多样化的高考招生形式，完善保送生、特长生以及定向录取生的招生机制。最后，我国还要建立高中招生监督机制，在招生过程中引入第三方机构进行监督，增加招生的透明度以及公平性。

（二）规范普通高中收费行为

高中教育收费是筹集教育办学经费的一个重要途径，它对促进高中教育有着巨大的作用。在各地政府的支持下，各地都加快了高中教育发展的速度，采用多种形式提高收费标准，以此来扩大办学规模。这就导致我国高中教育收费出现了很多问题。比如，中考成绩比较低的学生要缴纳"赞助费"或"分差费"。另外，还有一些学校在学生入学之后，还会用购买学习资料、补课等名义来向学生收取费用等。总之，恶性收费行为已经阻碍了高中的健康发展。

因此，要规范和完善高中的收费行为，不仅要考虑教育发展所需要的成本，同时还要考虑教育公平的问题。只有不断地完善高中教育收费行为，才能够有效降低各种不公平情况发生的概率，才能够尽量让高中教育实现公平，从而实现高中教育的良性发展。

（三）严格执行国家课程计划

现在，高中在执行国家课程计划方面存在很多问题，如随意增减科目和课时、很多教师无法掌握必修课程与选修课程的关系、学校与教师并未树立新的教育观、很多学校的教学条件无法达到新课程的要求等。为了解决这些问题，我国普通高中教育就必须严格执行国家课程计划。

我国要建立和促进课程改革顺利实施的保障制度，加大各个部门对高中课改的监督力度，并为高中课改提供制度保障。另外，学校要严格执行高中课程计划，并且制订科学、合理的课程方案，合理安排必修课与选修课，解决超量排课的问题。另外，我国高中学校还要深化课改培训制度，真正树立起新的教育理念。学校中的领导与教师是保障课改顺利实施的关键因素。为了更好地响应新课改的要求，就必须深化培训制度，解决阻碍高中课改进程的问题。

（四）规范高中教师职业行为

教师是教育事业发展的重要资源和核心要素。教师是大力发展高中教育，全面实施新课改的必要保障。但是，我国高中教师的整体素质偏低，制约了普通高中的健康发展。一直到现在，依然存在教师体罚学生或者教师之间互相诋毁等问题。因此，规范高中教师职业行为，已经成为不可避免的问题：首先，我们要培养高中教师的职业道德，这是规范高中教师行为的基础因素；其次，我们要切实维护高中教师的合法权益，为教师提供更好的工作和生活条件，对教师给予足够的尊重，对教育给予足够的重视，让教师的各方面待遇得到进一步改善，让教师在教育中可以投入百分之百的精力；最后，要积极推进教师聘任制，加强对教师师德方面的考察力度，明确教师的责任与义务。

三、解决高中债务问题

目前，我国高中普遍存在的债务问题严重影响了高中的健康发展。来源于学校基本建设的债务占到总债务的88%，其余的债务主要是用在仪器设备购置等支出上。绝大多数债务资金已经成为高中的优质资源，促进了我国高中的健康发展，但现在债务问题已经开始制约高中教育的健康发展。

近年来，随着国家财政性教育经费力度的不断加大，高中债务已经成为亟待解决的问题。解决债务问题要遵守五个原则：政府主导，责任明确；财政为主，多措并举；区别情况，逐步化解；积极引导，实行奖补；开展试点，稳妥推进。具体的解决办法如下所示。

①解决债务问题要彻底了解债务问题。我国高中应该考察债务的各个相关问题，如负债规模、负债原因等，并对其进行审计。这些债务要接受社会的监督，实施动态管理和定期报告制度。

②要多方筹集还债资金。各地要积极调整财政支出结构，安排专项资金，解决高中债务问题，要避免"多欠多得、少欠少得、不欠不得"的现象。然后，要完善投入机制，这是解决高中债务问题的根本因素。我国应该制订普通高中生均财政拨款的基本标准，加大预算内的投资力度。还应该依据社会经济发展、高中办学成本等来完善高中收费制度。

③要严格控制新增债务。各个地区的高中应该综合考虑财政情况、生源情况等，科学制订发展计划，引导普通高中教育的健康发展。要防止超规模、超标准、超概算的建设。

④要加强财务管理。应该进一步理清高中财务管理制度，建立安全、科学、规范的管理机制。要加强对高中预算、财务和资产的管理情况，完善财务管理制度，严格控制非教学性的支出。

⑤要形成解决高中债务的工作合力。解决高中债务问题是一个长期且涉及十分广泛的问题。教育部、财政部、发改部、审计部等要建立合作小组，并且明确分工，共同解决高中债务问题。

第三节　新高考改革发展的重要内容

一、高考改革与人的发展

人的自由全面发展是高考制度的终极价值，终极价值是最根本的价值，是最值得期待但似乎也是最遥远的价值。在政治挂帅或经济优先的年代，教育目的显示出更强的功利性色彩，人的发展的价值往往要让位于政治目的或经济发展的目的。当一个社会还远远谈不上是一个公正的社会，社会的经济状况还没有为人的发展提供充分的条件时，人的自由全面发展就是一种奢谈。

虽然随着我国社会经济的快速发展、社会公正程度的逐步提升，越来越尊重人权以及人的发展，但是目前若期望通过高考改革来实现人的发展，比较保守的做法就是尽量减少制度对人的自由全面发展的限制，尽量减少高考制度异化对人的发展的诸多制约。因为很多旨在促进人的自由全面发展的积极努力都具有影响高考制度公正的潜在风险，因此只能谨慎为之。

高考上连高等教育，下接基础教育，因此高考改革客观上要求对基础教育和高等教育两者统筹兼顾。高考改革要面对高考与基础教育开展素质教育的矛盾以及高考与高等教育发展的矛盾，如何培养创新型人才成为两对矛盾的交集。从李约瑟（Joseph Needham）难题到钱学森之问，这个问题一直在困扰着中国的教育。有人指责应试教育导致中国培养不出创新型人才，有人指责高等学校缺少大师级的导师，也有人指责高考制度是对创新型人才的桎梏。在这样的压力下，高考制度改革必然指向人的发展以及人的创新能力的培养。

（一）考试制度改革与人的发展

就高考内容改革而言，高考考试科目的改革最能反映出高考对人的发展的影响。因为高考考哪些科目，中学就会偏向哪些科目的教学，学生就会偏重于哪些科目的学习。那么高考考试科目的设置是否有利于学生的个性发展、全面发展、综合素质的发展便成为高考内容改革的焦点问题。

1.改变文重工轻结构和文理失调的科类设置

目前的高考考试科目设置的突出特点总的来说是文理分科考试。通过对高考科目设置的历史进行梳理，可以弄清文理分科的来龙去脉。新中国成立初期的高考制度主要是配合高等教育的结构调整，以适应社会主义建设的需要。社会主义建设要求高等教育进行结构调整，而高等教育的结构调整又相应地要求高考进行与之相适应的科目设置。1954 年的文理分科是为改变高等教育文重工轻的学校类型结构和学校内部文理失调的科类设置而采取的有力措施。1952 年，全国 211 所高等学校中，共有 33 所高等工业学校和高等工业专科学校，仅占全国高校总数的 15%。全国高等学校在校学生数不足 11.7 万人，其中文科有336 个系，42 230 名学生；法科有 281 个系，7338 名学生，而各类高等学校中的工科在校学生仅 30 000 人。1952 年的院系调整也是出于改变理工科教育薄弱的目的。

1955 年将医农单独划为一类是为解决高等农林教育薄弱的现状。1954 年全国高等农林学校在校生 16 113 人，1950 年至 1954 年共有毕业生 13 731 人，这显然是不能满足我国农林生产发展的要求的。1954 年，教育部联合农业部制订了全国高等农林学校第一个五年发展计划，将医农单独划为一类无疑是对高等农林学校第一个五年发展计划的有力支持。

而 1964 年将理工医农再次合并为一类则是配合 1962 年开始的教育部对高等学校的调整精简工作。到了 1963 年，高等学校已由 1960 年的 1289 所调整合并为 407 所，其中工科院校由 471 所调整为 120 所，减少了 74.6%；农业院校由 180 所调整为 44 所，减少了 75.6%。1963 年 4 月，教育部召开了高等学校专业调整会议，调整了高等学校的专业设置，并提出文、理、工科各专业在全国范围内统一安排，林科、财经、政法等专业一般在大区范围内统一安排，而农科、医科、师范各类专业则在省市自治区内安排，由此可见，将理工医农合并为一类势在必行。

此外，高考科目的设置也受政治环境的影响，如受到政治环境影响最为显著的外语和生物科目在高考中的地位就很不稳定。外语自 1955 年起或者免试，或者成绩仅供录取时参考，直到 1962 年才成为重点高校及外语专业的必考科目。而生物也是时考时不考，甚至在个别年份被冠以"达尔文主义基础"之名。

而这一时期高考考试科目的设置没有顾及学生的综合素质。此时的教育目的还没有将人的发展放在重要位置，或者说人的发展还没有构成教育目的以及高考的压力。原因除了当时对政治立场的捍卫和社会主义经济建设的需要更为迫切外，还在于新中国成立初期基础教育的薄弱导致了高等教育生源的不足，学生升入大学的压力很小，除了个别热门专业的竞争较为激烈之外，一般高中毕业生通过高考升入大学并不是难事，因此，考试科目改革虽然频繁变动，但并未对基础教育造成太大压力。

由于高考中断达 10 年之久，造成了严重的人才断层，恢复高考后，1977 年、1978 年、1979 年连续三年招收学生 27.3 万、40.15 万、27.5 万，创下了新中国成立以来录取新生的第三个高峰。恢复高考调动了人民群众接受高等教育的积极性和参与高考竞争的极大热情。高校虽然每年都会增加招生数，但受经济发展的制约，仍不能满足青年学生对高等教育的强烈需求，从 20 世纪 80 年代中期开始，录取率逐年下降，高考竞争呈现水涨船高之势。80 年代以来，每年上小学的约 2700 万人，上初中的约 1300 万人，上普通高中的约 250 万人，上大学的约 70 万人。也就是说，2700 万小学生中，能读到普通高中毕业的不足10%，能升入普通高等学校的不足 3%。高考竞争越激烈，它对中学教学的导向作用就越强烈，片面追求升学率严重影响了学生的身心健康，人们对高考的指责便随之而来。文理分科的高考科目设置导致高中教学分文理班设置，产生了不利于人的全面发展的负面效应。

2. 提出会考和高考分开进行的方案

为了解决文理偏科的问题，教育部于 1983 年提出会考和高考分开进行的方案。会考是高中毕业考试，属于水平性考试；高考是升学考试，属于选拔性考试。1985 年上海首先进行了会考与高考改革的试验，由此会考制度应运而生。之后，会考、高考两次考试的改革在湖南、云南和海南试行，这就是所谓的上海方案和三南方案。

3. 推行"3＋2"方案

从实施的效果来看，两种方案引起了各方面的不满。1994 年教育部在总结上海方案和三南方案经验教训的基础上，推行"3＋2"方案，高考仍按文理分科。文史类考语文、数学、外语、历史、政治；理工类考语文、数学、外语、物理、化学。与六七模式相比，这个模式是建立在会考基础上的，实行会考和高考两次考试的改革是高考历史上的一大进步。

有学者认为，高中会考与高等学校入学考试科目相互配合，使高等学校入学考试产生全新的和真正的改革的面貌。一方面，高中会考顾及高中各门学科的教育，通过会考引导学校教育实践，为学生接受相对全面的教育提供指引；另一方面，会考的推行，为高等学校入学选拔考试减少考试科目，从而为减轻学生在高等学校入学选拔考试准备过程中的负担和考试环节上的风险创造了条件。

因此，可以说，高等学校入学考试减少科目和高中会考并行，堪称"中国教育制度中的一项重大革新措施"。会考在一定程度上可以解决高考科目有限，容易造成中学学科教育发展不均衡的问题，而且"3＋2"的文理分科方案更好地兼顾了共性与个性的统一。语、数、外定为必考符合选拔人才的内在要求，而所考科目在文理两类均有不同程度的减少，也减轻了学生的心理负担，有利于中学的课程和教学改革。但是新方案的实行所取得的较好效果并没有维持多久，因为从实际来看，新方案并没有解决中学生的偏科问题。由于高考竞争的加剧，为了提高升学率，同时能让学生有针对性地学习，各中学从高中一年级开始开设了文理科，其中文科不学习物理和化学，理科不学习历史和地理，这不仅导致高中毕业生的知识不完整，也不利于生物、地理等学科的发展，如报考地理专业的学生因属于理工类而无须考地理，致使大学地理系所招生源都会出现基础普遍较差的现象。

4. 试行"3＋X"方案

在各方面要求改革高考呼声又一次高涨的压力下，1997 年教育部决定高考科目组试行"3＋X"方案，1999 年在广东率先试验。语文、数学和外语是必考科目，X 为其他六门科目任选 0～2 科。这个高考方案进一步体现了高考共性和个性的统一。"3＋X"科目改革的实施，在很大程度上推动了考试内容的改革。之后的新课程高考方案就是在"3＋X"科目改革方案的基础上制订的。新课程高考是高中新课程改革的配套改革，按照各省市进入高中新课改的进度，新课程高考也逐年推进。

新课程高考基本上仍然实行文理分科。最终"3＋X"方案中的"X"有两种设想：一种是包含文理的大综合，或称文理综合；另一种是文理分科的小综合，即文科综合／理科综合。一些省市自治区已经试行了"3＋大综合＋1"学科设置方案，其中"大综合"包括政治、历史、地理、科学、化学和生物学六大学科，实施的结果是增加学生的学习负担，并受到各方的反对。

目前多数省份的新课程高考采用的是"3＋文综／理综"的模式，也有少数省份力求全面考察考生的知识基础，这虽然是一个实现文理综合的方式，但也反映了一些省份对会考制度的不信任，仍有向统考一途集中施压之嫌。

"3＋X"高考改革的突出特点是考试命题的能力立意，即以能力测试为主导，体现出对人的能力和综合素质的引导、促进作用。"3＋X"考试命题的能力立意增设了能力型和应用型的题目，对学生基础知识和相关课程基本技能掌握程度的考察有很大的帮助，同时还能培养学生们利用学到的知识去分析和解决实际问题等一系列综合运用的能力。相对于知识立意，高考以能力立意是一大进步。以能力测试为导向的高考同时兼顾了对学生知识面的全面检测和今后发展能力的测试，能力测试的重点也逐渐从记忆能力、理解能力和初级思维能力转变成为独立分析能力、综合解决问题能力和创造性能力。然而，能力立意的不足之处在于无法充分检验考生的品行、情感和心理发展水平。

新课程高考的目的是在能力观念的基础上走得更远，并逐渐向素质立意过渡。人的各方面素质不可能全部通过考试评测得出，但某些素质是可以通过考试评测出来的，比如一些省区在高考范围中加入了信息技术、通用技术、艺术、综合实践等，这种考虑的最大优点是它可以对学生的综合素质进行检测，有利于他们的全面发展。但却存在着有碍公平的隐忧。将信息技术和通用技术、艺术、综合实践等纳入高考的测试范围内是明显的城市价值取向，由于我国城乡之间差距较大，这种测试难免会对农村家庭学生造成不利后果。因此，这种高考改革方案也注定了行之不远。

5. 提出"3＋3"方案

国务院于2014年9月印发了《关于深化考试招生制度改革的实施意见》，同年12月，教育部也正式公布了《关于普通高中水平考试的实施意见》等重要配套政策。实施意见中明确了高考科目改革的"3＋3"方案，即除语文、数学和外语三科必考科目外，学生根据自身的特长以及报考高校的相关要求，在思想政治、历史、地理、化学、生物等科目中自主选择3个科目考试，成绩计入高校招生录取总成绩，可以文理兼修、文理兼选。

考试科目的设置反映出了公平、效率与人的发展的价值之间的矛盾冲突。考试科目设置太少，不能考测出学生的综合素质，不利于全面发展；考试科目设置太多，则可能会妨碍公平。有效率的不一定是公正的，公正的可能是压抑人的发展的，这种矛盾古已有之。从科举考试的内容和命题形式来看，科举考试考察了古代人文经典。唐代科举的内容还比较广泛，但儒家经典逐渐成为考试的重点，甚至最终锁定在"四书五经"中，这不仅利于统一思想，更容易公正、客观、高效地阅卷、评卷。但它也带来另外一种不公正，对于来自官僚家庭和学术家庭的人们，每天的接触使他们更容易掌握儒家的话语和价值观。但对于普通百姓来说，科举的内容与他们平时的生活并没有太多的关联，属于生活之外的世界，也就是说，他们的生活世界和学习世界是彼此分离的，所以必须在两个世界之间来回跳跃，如果应试成功，他们也可以缓慢切换，但一旦出现了多次应试失败的情况，他们就会在亦真亦幻之间备受煎熬。

因此，也不能给高考制度施加太大的人的自由全面发展的目标压力。事实上，高等教育在培养创新型人才、发展人的综合素质方面更具有不可推卸的责任。因此，高等学校不能过度苛求高考制度为其输送具有综合素质的人才。培养具有综合素质的创新型人才，需要高考改革和高等教育的联动努力。

（二）招生录取制度改革与人的发展

人的发展的价值取向不仅要求高考制度安排在考试科目和命题方式上尽量做到有利于选拔出具有综合素质和创新性思维的人才，还要求在招生录取方式的设计上体现出对人的个性发展和全面发展的重视。考试无法全面体现考生的综合素质和能力有两层含义：一是人的有些素质，尤其是道德素质等是很难通过考试评测的；二是高考分数不能体现某些学生的独特的素质和能力。因此，只能通过录取方式的改革来弥补统一考试的不足。

多元录取的方式无疑是更适合人的个性发展和全面发展的。录取保送生、推荐生和自主招生等形式是充分重视了人的个性、特长，而将综合素质评价（或学业水平测试、基础会考）与高考录取相挂钩则反映了对人的综合素质、综合能力的重视。

多元录取方式的出发点是好的，但多元录取方式在操作上除了可能受诚信体系不健全的制约，程序上的公平会受到威胁外，综合评价录取结果还可能造成新的不公平，而这种不公平恰恰强化了高考制度的起点不公平。例如，综合评价录取模式能较好地考查学生的综合素质能力和水平，但在综合录取工作中却存在农村考生和城市考生比例失调的现象。

道理很简单，在接受素质教育方面的环境和条件上，城镇考生和农村考生存在的差异还是比较大的，城镇考生发展各方面素质和能力的条件要优越得多，因此也容易在综合评价录取中脱颖而出。例如，某高校面向其所在省的招生进行了两年的综合素质录取试点改革发现，与往年在该省招生所采用的普通的录取模式相比，综合素质录取模式能录取到更多综合素质较好的学生，但在农村考生和城镇考生的录取比例上结果形成了鲜明的反差，普通模式录取的考生中，农村考生的比例要比城镇考生的比例稍微高一些，而综合评价录取的结果显示，城镇考生远远超过农村考生。

就报考的情况而言，由于在综合素质录取模式下考生要到学校参加面试，要负担交通和食宿费用，使得农村考生参加面试的积极性大大降低。此外，综合素质评价录取的模式是否真的有利于人的自由全面发展也是值得怀疑的。综合素质评价录取模式可能会加重学生的负担，因为一旦综合素质被纳入到高考录取的依据当中，学生必然会花一部分时间和精力去参加各种培训班、辅导班以培养特长，从而在综合素质的评价中获得较高的分数。因此，综合素质评价仍然没有摆脱应试教育的藩篱。

从人才选拔的意义上说，我们今天所说的全面发展的人和中国古代所看重的德才兼备的人具有某种同构性，都反映了社会的选材标准和理想。如何选拔出德才兼备的人一直是困扰考试制度的一个难题，前人的上下求索对我们今天的改革有一定的借鉴意义。

我国自古以来就是一个重视人的道德素质的国度。通过对考试制度的认识论的分析中可知，中国发明考试并予以重视的原因，是基于以德治国的政治信念和可以讲道德的教育信念。如何将贤能之人甄选出来呢？既然道德是可教的，那么道德也应该是可考的，因为学习儒家经典可以培养美德，所以可以通过研究经典来选择有才华的人，科举制度发展史中的经义和诗赋之争就反映了部分人所秉持的道德可考的信仰。

北宋范仲淹的考试改革对考试形式进行了重新安排，将进士试分三场，先策、次论、最后才是诗赋，这样一种重经义、贬诗赋的举措背后的假设是把经典知识当作与修身养性相当，认为策论成绩高或精通经义者最有可能成为一位正直的官员。王安石的改革不但在进士科的改革中停罢了诗赋、贴经、墨义等考试项目，突出经义、策论在取士中的作用，还亲著《三经新义》作为科举考试的专用教材，试图将儒家经典有关伦理的解释加以整齐划一。但事实证明，道德未必可考或者不那么容易考。

正是出于选拔贤能之士这样一个道德的目的，才发明了科举制，所以在科举制度的发展历程中，其存废与改制都与这个道德目的密切相关。当人们发现改革考试内容并不见效时，就会对科举考试能不能选拔德行超众的人提出质疑，进而提出了对制度的修补措施，甚至要彻底废除这一制度。例如，范仲淹想通过加强官学教育和限定乡试资格两种方式考察士子的德行，其改革措施包括：要求学生必须住学校学习五百天以上始可参加省试；凡参加乡试的士子须有两位曾参加过省试的人担保，证明这位考生品行端正。由于反对者认为这些考察德行的方法会降低考试的公正性，所以范仲淹的改革主张并没有得到真正施行。王安石的改革中采用将地方学校的优秀毕业生直接升迁至太学或免除其乡试等措施，这正是出于补救科举考试制度之不足的考虑。王安石的改革措施对后世的科举产生了长远的影响，但就其改革的动机而言，仍然是失败的。

在南宋，人们仍在努力寻找一种更好的推荐制度来代替科举考试制度，诸如出现了学校直接晋升制度和为当地学校毕业生预留特殊名额等提议，但是，这却并不能动摇科举考试的地位。随着科举考试开放性的逐渐扩大，使得其他的方式实行起来变得越发困难，最终只能是通过考试的方式，结合起了贤能治国的政治信仰和道德可教的教学信仰。更有一些统治者为了让考试越来越具有公正性，放弃了以德取士做官的古代理想。

即使考试这种方式并不是非常的理想，但是为了使以上两种信仰相互协调，这也是唯一的一种方式。离开了科举考试，就很难将贤能治国的原则落实到具体的实践当中，同时也很难去维系儒经修习的传统。科举考试越开放，那么也就意味着竞争越激烈，人们就越发的期望政府能够按照公平原则行事。

科举考试以德取士的理想之所以总是落空，是因为德行实在不易考察，更重要的是，考察德行的方式会降低考试的效率，影响考试的公正性。只有在保证基本效率和基本公正性的前提下，德行的标准才能成为录取人才的依据。

高考改革存在着一系列的两难问题，较突出的有统一考试与考察品行的矛盾、统一考试与选拔专才的矛盾、考试公平与区域公平的矛盾、保持难度与减轻负担的矛盾、考测能力与公平客观的矛盾、灵活多样与简便易行的矛盾、扩大自主与公平选才的矛盾、考出特色与经济高效的矛盾等。不难发现，高考改革中的诸多两难问题，实际上反映了不同制度价值之间的矛盾（或同一制度价值内部的矛盾），而不同价值之间的矛盾具体表现为高考制度目的性价值与工具性价值之间的矛盾、高考制度基本价值与终极价值之间的矛盾等。

人的发展是普适价值，是高考制度的终极价值取向。也就是说，人的发展是最高层次的制度公正；此外，制度公正是人的发展的结果，它是根据人的发展而做出的一种制度安排。因此，一般情况是，一项旨在促进高考制度公正的改革也同时促进了人的发展；但是反之，一项旨在促进人的发展的高考改革可能会妨碍制度公正，因为人的发展具有超前性和主动性，只有当人的发展累积达到一个临界点时，制度创新才会被提上日程，从而对制度公正提出更高的要求。

我国的教育制度以及高考制度都是以马克思主义的人的自由全面发展观为指导的，人的自由全面发展的思想以教育目的为载体，在不同的时期以不同的表现形式影响着教育制度和高考制度的运行，高考制度异化的程度越深，它偏离人的自由全面发展的教育目的越远，对人的异化程度也越深。在学历社会的背景下，无论是高等教育精英化还是高等教育大众化，高考制度的压力都是很大的，都难免不被异化。高考改革无法消除异化，但却可以减轻异化的程度，为人的自由全面发展留下更大的空间。

单独考试内容和形式上的改革无法满足人的自由全面发展的价值需求，所以，不必给高考科目设置及其组合问题施加太大的压力。高考制度本身是一个系统工程，高考对于人的能力和综合素质的发展的促进可以从多方面入手，逐步推进，尤其是可以通过录取方式的改革，来改进高考制度对人的片面化评价的现状，毕其功于一役的急躁心态只能适得其反。高考制度毕竟要在公正、效率、人的发展等多重价值中寻找一个平衡点，才能发挥其应有的作用。

二、高考评价改革的内容与路径

基于高考评价发展历史的回顾以及高考评价改革的背景和要求分析，高考评价的内容涵盖了高考考试环节的方方面面，可谓包罗万象，极为复杂。《规划纲要》中倡导的是"综合评价"的改革导向。然而，要想使高考的评价功能得到充分发挥，实现综合评价的改革目标，必然会牵一发而动全身，引起高考评价的系统性变革。根据历史回顾、国际比较、实证研究以及理论分析等研究基础，不难发现，高考评价的改革本质是发挥高考的评价功能。为发挥高考的评价功能，首当其冲的改革内容应包括：研制高考评价目标体系、完善高考评价指标体系、优化考试内容与形式、推进高考分数报告制度改革，涵盖了高考评价的"评价目标—指标体系—评价过程—评价结果"等所有环节。对以上四项改革内容的研究分析，有助于较为全面地认识高考评价改革的本质和内容，探索可行的改革路径。

（一）研制高考评价目标体系

高考评价目标具有导航塔的功能，主要用于高考评价活动，对考试评价指标体系构建、考试内容与形式选择、考试分数报告改革等进行指导。在"国家—省级—校级"三级高考评价体系架构中，评价目标也应以体系化的方式存在，从国家级到校级逐层分解和细化，形成国家级、省级和校级评价目标。不同层次的评价目标与其在高考评价中的作用和任务相对应。

高考评价的目标是时代发展的产物，它反映了社会发展对人才的要求、学生在成长过程中的需求以及高校对人才进行选拔和培养过程中的要求。随着时代的发展，高考评价的目标也得到了不断的改革和完善。高考评价目标体系的研制是一项重大、复杂、系统的改革任务，深入系统的研究是高考评价体系改革的核心，因此应在国家统一领导部署下有序开展。

确定评价目标内容是研制高考评价目标体系的关键所在，也就是明确在高考中要对学生的哪些方面和素质进行评价。因为高考是连接高中与高校的枢纽，是教育活动的关键环节，社会对教育的要求随着时代发展变迁而不断变化，要求高考考查学生的目标和内容也随之改变。

高考评价目标的内容应富有时代性，体现时代发展需要。环顾全球，世界正处于适应大发展、大变革的调整时期，正在深入发展经济全球化，科技也呈现出了日新月异的态势，人类社会进入知识经济时代，人才竞争也越来越激烈。但是，我国现在正处于改革与发展的关键时期，社会、政治、经济、文化建设得到全面推进，解决社会发展变革中的环境、人口、资源问题迫在眉睫，迫切需要改变经济发展方式。正因如此，使得我国必须要尽快提高国民素质，培养创新型人才。

党的十九大报告指出，要全面贯彻党的教育方针，落实立德树人根本任务，发展素质教育，推进教育公平，培养德智体美全面发展的社会主义建设者和接班人。高考评价目标的内容应反映时代发展的要求，从这些背景和要求中提炼出评价目标的内容。纵览各种文献资料对新时期高校人才选拔和培养的表述，德、智、体全面发展人才，创新人才，高素质人才，优秀人才，复合型人才，领军人才，未来人才等提法不一而足。这些表述从不同侧面展现了对新时期人才素质构成及选拔的理解，人才的知识、能力、创新等综合素质成为普适性的评价目标，彰显出鲜明的时代特色。

以上反映时代发展对人才素质构成的理解都属于抽象、模糊的概念，要实现对以上概念的测量和评价，需要进一步明确概念的内涵及相互间的关系，对概念下操作性定义，通过科学的程序将其逐层分解为国家级、省级、校级、考试科目，以及每个科目每个模块的评价目标。唯有如此，宏观抽象的概念和人才选拔要求才能落实到每道考题上去。

这是一项重要而又宏大的工程，需要在现有的以 20 世纪 80 年代中期高考标准化改革期间引入的本杰明·布鲁姆（Benjamin Bloom）的教育目标分类理论为依托构建的高考评价目标体系的基础上（记忆、理解、应用、分析、评价、创造），结合人才选拔与培养的时代要求，以教育测量与评价、考试理论及技术研究为基础，深入加工和分析庞大的高考成绩数据库，全面反映高中和高校人才培养与选拔要求，反映学生全面发展以及个性化成长要求，研制出一个理念先进、内容新颖、层次清晰、系统连贯、科学合理、易于操作的高考评价目标体系。

目前，教育部考试中心每年颁布的考试大纲、各省市区根据考试大纲编制的考试说明以及高校公布的招生简章，都是高考评价目标的主要载体，但目前三者的关系有失妥当，考试说明和招生简章中的评价目标几乎是对考试大纲的重复。新的高考评价目标体系应有层次之分，考试大纲中的评价目标应具有宏观性，代表国家对人才选拔和培养的目标和要求，考试说明和招生简章中的评价目标应更为细致具体，属于操作层面的评价目标，用于指导命题面试等。高考评价目标体系研制中应重新界定不同考试科目的评价功能和作用，根据不同科目的内容与性质，将总体评价目标分解至各个科目，使不同科目具备各异的评价功能。

在高考评价体系研制中，应进一步突出高校的角色，引导高校积极行使招生自主权，研制出符合各自人才培养和选拔要求的考试评价目标，让高校回归评价主体。目前，高校的评价目标存在表述抽象模糊、趋同一致、难于测评等不足，这一现状一方面显示出高校办学定位不准、特色不明等趋同化发展问题，影响高等教育质量及多样化发展；一方面会影响适切性人才选拔，导致"千人一面"的人才培养困境；还会导致高校盲目招生，拼抢"状元"等高分学生。

如果将高校人才培养及质量把控划分成入口、过程和出口三个环节，高考则是高校人才培养和质量把控的入口，是高校培养有特色的高质量人才的重要环节。高校应综合考虑学校办学传统、办学优势、学科专业特色及人才培养目标等因素，在实践中逐步探索适合自身的高考评价目标。并以此为指导，构建有特色的综合评价体系，优化考试内容和形式，提高命题质量，帮助学校招收适切性人才。

高考评价目标体系及内容还应具有人性化色彩。高考评价目标对人才选拔具有全局性的影响，评价目标的内容应该反映人才培养和成长的多元化要求，有助于全面深入、科学合理、公平公正地评价各类学生。根据多元智力理论观点，每个学生同时具有九种智力因素，高中新课改以多元智力理论为基础，促进学生全面与多样化发展。另外，我国幅员辽阔，各地政治、经济、文化、教育发展差异巨大，学生发展水平不一。即是说，高考评价目标的研制既要考虑拥有不同才华和能力的学生，也要考虑不同发展水平的学生，使各类学生的知识与能力都能被客观公正地评价。

（二）完善高考评价指标体系

目前，高考制度的明显不足是以考试成绩作为唯一评价指标评价学生，这与国外多元化高校入学考试评价指标体系形成鲜明反差，与国内社会发展、人才选拔与培养要求格格不入，也往往是社会诟病高考制度的把柄，亟待改革。

基于对高考评价目标的分析，新的高考评价目标应具有综合多样性，要求对学生的知识和能力进行全面评价。评价目标的综合多样性决定了评价指标的多元性，要求构建能够测评学生多个方面能力的综合评价指标体系。高考综合评价指标体系的构建同样是一项系统而又复杂的工程，需要将高考评价目标和内容分解成不同模块，再根据不同模块的内容和性质选择恰当的评价指标。

构建高考评价指标体系不仅应遵循教育测量与评价理论，还必须符合国情和现状。符合测评理论的指标不一定符合实际，不一定具有可操作性。从测评内容视角，高考评价指标体系应该全面反映和承载高考评价目标和内容，根据人才选拔和培养要求，从德、智、体等方面全面测评学生的综合能力。

高考评价实践中，考试成绩是目前唯一具有决定性意义的评价指标，偏重于对知识的考查评价，却无法全面评价学生，尤其是无法对难以量化的综合素质内容予以评价。只用书面笔试来测量人的才干，存在很大的片面性和局限性，因为很多能力是无法用笔试来测量的。一个人能否在逆境中获取成功，这种品质不是写一篇励志作文就能够检验出来的，还需要事实来证明。

高考评价指标体系改革即是在现有评价指标（高考分数）的基础上，增加新的旨在测评学生成绩以外的综合素质和能力的新指标。高考评价指标是对评价目标的落实和体现，德、智、体全面评价的目标决定了评价指标也应包括德、智、体等方面。智育的考试评价内容和标准能够量化，容易测评，这一评价指标相对稳定、成熟。高考综合评价指标体系构建的关键和核心内容是如何增设承载测评学生德育、体育等综合素质的评价指标。对此，《规划纲要》中给出了导向性的改革策略。在国家政策的导引下，多个省市区纷纷公布了基于统一考试、学业水平考试和综合素质评价的"三位一体"的高考综合评价模式。

至于将学术水平考试和综合质量评估整合到高考评估指标体系中，得到的各界答案可以说是喜忧参半。其积极意义在于：首先，新评估指标的纳入打破并改变了统一高考制度建立以来形成的单一评估指标模式，有利于高考能够从多个角度对学生进行评估，同时也对评价内容进行了丰富，使评价结果的多样性和科学性得到了进一步增强；其次，以上两个指标可以反映高中新课程改革的成果，并将其纳入高考评价指标体系，有利于建立高中、高考与高校之间的整合联动机制，从而将三者联系起来，为人才选拔和培训的整合做出了贡献；再次，可以在很大程度上对"唯分数是举"的应试导向进行扭转，这对素质教育的全面推进非常有利；最后，学术水平考试和综合质量评价是现实存在的指标，采用这些指标可以降低改革的成本，并且，采用现成的指标相比于重新建立指标来说，现实性和可靠性都更高。

但是，由于之前将会考纳入高考评价的结局不是很理想，在这个前提下，新的评价指标在执行起来将会面临非常大的挑战。

①"三位一体"评价指标体系中各个指标的评价功能分布不合理。高考的结果特别注重对学生知识的评估，并承担了智力教育的评估功能。学术水平考试是对学生在高中阶段文化科目的学习水平的评估，也属于知识的评估。在这三个评价指标中，有两个属于知识评价指标，似乎仍然显示出高考中强调知识考试的趋势。因此，值得思考如何协调同时测量知识的两个评估指标之间的关系。

②三个指标间的关系界定及权重分配是改革成败的关键，即学业水平考试和综合素质评价是以"硬挂钩"方式，按照一定权重换算成分数计入高考总分，还是以"软挂钩"方式仅仅作为评价和录取参考，不发挥决定性作用，这关乎"三位一体"的评价指标体系是否能具有根本性改革意义。如果为"硬挂钩"关系，必然引起高中的高度重视和连锁反应，存在优评所有学生的倾向，导致"你好我好大家好"的结果，使学业水平考试和综合素质评价指标失去意义。如果为"软挂钩"关系，也会因不发挥实质性作用而难以引起高度重视，逐渐成为"鸡肋"，功能甚微。

③质疑学术水平考试和综合质量评估的科学性和公平性声音一直都存在。会考作为学业水平考试的前身，就曾经被纳入到了高考评价当中，但是受考试结果逐渐呈现出高度一致这一趋势的影响，使得会考的区分度非常低，最终不得不将其从评价指标中剔除。现在，又要作为评价指标与难以量化的综合素质评价一起被纳入高利害关系的高考评价体系当中，这使得人们格外担心结果的可用性。此外，人们也开始质疑这一行为的公平性，尤其是对于难以量化的综合质量评估而言，人们担心会融入进一些权钱、地位等不良社会因素，一旦有这些因素介入，必然会对弱势考生的利益造成威胁，从而使考试失去公平性。

另外，围绕对学生体育的考查评价，考虑到学生体质普遍下降的事实，2012 年 10 月 22 日，国务院办公厅转发《关于进一步加强学校体育工作的若干意见》，其中，在健全学校体育监督与评价机制部分指出，要把学生体质健康水平作为学生综合素质评价的重要指标，对于在高中学业水平考试中增加体育科目的做法进行积极探索，进一步建设高考综合评价体系，使其能够引导学生去增强他们的体质。针对将体育纳入高考综合评价体系的改革意向，引发各方议论和各种反响，总体是一片反对声，看来要实现这一改革意向尚需时日。

由此可见，完善高考评价体系面临重重考验，是一项重要而又复杂的任务。吸取历史经验教训，借鉴国际普遍做法，权衡种种利弊，以"三位一体"的评价模式为基本原型构建高考评价指标体系相对更具有现实性。但必须具备一定基础，提供相应的保障条件。

首先，"三位一体"的评价模式提供了一种改革思路，那就是在高考评价中吸纳高中学生评价结果，这既是国外高校的普遍策略，也符合我国新课改后高中学生评价的改革趋势和多元化评价理念。但需要在学业水平和综合素质的基础上进一步开发、拓展高中学生评价成果，如各种证书、社会实践记录、推荐信等。也可借鉴美国的相关课程经验，由高校和高中合作开设部分选修课程，增强高中与高校的联系，为高考评价提高更加丰富的评价指标，为高等教育做准备。

其次，"三位一体"的评价指标体系改革的关键是提高学业水平考试和综合素质评价的科学性和公平性，这是社会关注的焦点，也是这一评价模式改革成败的关键所在。只要指标的科学性和公平性得到保障，它们在高考评价中的功能角色和所占权重问题也就自然化解，不同高校可根据人才选拔侧重任意确定。所幸的是，在高中新课改以及国家"综合评价"政策倡导之下，高中日益重视学生综合素质评价工作，各省市区也纷纷出台政策，逐步规范学业水平考试和综合素质评价，这为"三位一体"评价模式的逐步推行奠定了基础，也为以"三位一体"评价模式为原型继续探索和完善高考评价指标体系奠定了基础。随着学业水平考试和综合素质评价的科学性和公平性的提高，可逐步实现其与高考成绩关系的"硬挂钩"，能够量化的部分按照一定权重计入高考总分，不能量化的部分则作为评价录取的依据发挥决定性作用。

（三）优化考试内容与形式

考试内容与形式改革是高考改革老生常谈的话题，高考评价改革对高考内容与形式改革提出了新要求。推动高考评价改革，实现发挥高考评价功能的改革目标有赖于考试内容与考试形式改革。

1. 改革考试内容

高考考试内容集中反映在考试科目和命题两个方面，改革考试内容主要关涉如何组合考试科目、改进命题等内容。如今，在高考评价改革背景下，考试内容仍然存在的问题是，科目组合中综合科目实质上只是分科合卷考试，各科目的评价功能定位和科目间的关系不够清晰，并未实现大综合目标，不利于考查学生的综合能力；高考命题中的经验成分仍然存在，教育测量与评价理论在命题中的应用有限；各省市区命题水平不一，高校的命题能力有待提高；考试内容选择中依然存在考试公平问题，有待改善。在高考评价改革要求全面考查学生综合素质与能力的背景下，高考内容也应朝这一方向努力。

（1）优化科目组合

改革考试内容，一是要优化科目组合，以有利于考查学生的综合素质与能力。在科目改革中，长期存在全面考查学生能力与增加学生负担的矛盾。表现为随着素质教育的广泛推行和深入人心，更多人日渐认识到高考内容应注重考查学生的综合素质和能力。基于这一认识，曾在部分省市区试行"3＋X"科目改革，朝评价学生的综合能力方向迈进。起初的"X"为大综合，涵盖了除高中语数外之外的其他六门课程，以考查学生综合素质为目标。但由于这一模式被指增加了考生负担和压力、引起高中教学混乱而逐渐背离改革初衷，发展演变至今天的"3＋文科综合／理科综合"的小综合模式。原本体现综合评价精神的"X"成为分科合卷考试，与综合评价改革目标相去甚远。根据教育测量与评价理论，要想评价学生的综合素质和能力，就必须全面收集足以反映学生素质和能力的信息，评价内容越全面，评价结果相对更为客观和科学。但是，高考科目改革的历史表明，通过简单增减考试科目，调节全面评价学生综合能力和减轻学习负担之间关系的策略无法化解二者之间的矛盾。增加考试科目有助于全面考查学生素质和能力，但会增加考生学习负担和考试压力；减少考试科目有助于减轻学生负担，但却不利于全面评价。这一矛盾成为高考科目改革的焦点和难点。

在高考科目改革中，还存在一个认识误区，即通过科目考试实现一切评价目标。由于长期以来文化科目考试是高考唯一评价学生的指标，导致人们产生通过文化科目考试实现一切评价目标的认识误区，使科目改革负重前行，背负了其难以承受之重，也将科目改革导入误区。

根据教育测量与评价理论，任何测评方式都有其局限性，特定的测评方式只适用于特定测评目标和内容，将一种测评方式用于不适合其测评的内容也可达到一定目标，但是会导致测评结果的低效，这在教育测量中被称为效度的相对性。在新的高考评价指标体系中，科目考试只是评价学生的指标之一，只能承担部分评价任务。评价学生综合素质与能力的目标还必须借助更多其他评价指标来实现。

以上矛盾和认识误区成为长期以来困扰高考科目改革的羁绊，高考评价改革要求从有助于发挥考试的评价功能、有助于评价学生综合素质视角思考问题，寻求策略。从考试科目标与内容发展的国际经验来看，以高校所需能力为标准组织考试内容和科目的自由组合与选考是普遍发展趋势。以美国为例，他们就已经实现了考试科目和内容的选考制，即高校根据人才培养与选拔要求，提出不同专业所需参加的考试科目和内容，考生根据报考需求选择参加不同科目的考试。考试科目与高中课程不完全对应，以高校所需要的能力为维度组织考试科目和内容，如SATI的考试科目有写作、阅读和数学，主要考查学生是否具备在大学阶段所必需的思维能力与分析、解决问题的能力。这一模式的优点在于学生拥有充分的选择权利，可根据自己的兴趣自由选择考试科目，充分展示学生能力；有助于高校根据不同专业人才培养特点和要求选拔适切性人才，从而培养高素质人才；有助于引导高中全面实施素质教育，实施旨在促进学生全面发展的教育计划。

反观我国高考科目的现实模式，"3＋X"是普遍采用的模式。这一模式的设计思想与高考评价改革的宗旨相一致，即全面评价学生的素质与能力。但在具体操作中，存在将原有科目模式简化变形的问题，X科目简化成了文科综合和理科综合，文科综合和理科综合也异化成如今的分科合卷考试，而不是当初的包含多个科目的、学科间交叉命题的大综合。这一改变严重影响了"3＋X"科目模式评价学生综合能力的效能。

全面评价学生素质与能力的改革内容要求重新审视高考科目设置，在科目设置时贯穿综合评价、科学评价、个性化评价以及公平评价等理念。科目设置应该有助于高中实施素质教育，吸纳高中新课改成果；增加学生的选择权限，有助于学生个性化成长；有助于全面评价学生素质和能力，便于高校选拔适切性人才。高考科目设置应以测评学生能力为目标，应用教育测量与评价理论及技术，系统设计科目构成及科目间的关系，准确定位不同科目扮演的角色和所承担的评价功能，使整个高考科目构成浑然一体。

实践中，应以"3＋X"的基本思路设计考试科目，其中"3"所代表的语文、数学、英语科目为基础科目，以考查学生基本能力为目标，凸显基本评价要求。但是，由于在基本科目中的语文和英语都属于语言能力考查，有重复评价考生语言能力之嫌疑，而关于高考中英语科目的争议由来已久，有取消之说、社会化考试之说、降低权重之说、录取中部分专业不做要求之说等，反映出改革的呼声。因此，在充分考虑了英语科目的学科特点和考试技术的基础上，可逐步推行社会化考试，实行一年多次考试的办法，用等级制和百分制两种办法计分，学生根据不同高校要求提供等级或者分数。即是说，对英语有要求的高校，基本科目依然为3科，而对英语没有要求的高校，基本科目则为2科。"X"

则代表充满变数的科目，从科目构成数量上可以是 1 科，也可以是多科；可以是指定科目，也可以是供高校和学生选择的不定科目；可以是分文理科的小综合，也可以是不分文理科的大综合。综合考虑高中课程与教学、学生发展需求以及高校人才选拔等因素设置，以是否有利于评价学生综合素质与能力为取舍依据，充分展现高考科目的综合性、选择性与倾向性。

未来高考科目改革的重点在于 X 科目的设置。"3 + X"的高考科目设计思想与高考评价改革的宗旨一致，如果能够实现事实意义上的"3 + X"科目模式，也就有助于实现评价学生综合素质与能力的改革目标。但是，要实现真正意义上的"3 + X"科目模式，尚需具备一定条件。

①应系统研究现有高中科目与内容、高中学生的能力构成以及高校对人才的能力构成要求，权衡多种因素确定"X"科目，明确定位每门科目的角色与评价功能，避免不同科目重复评价同一能力。科目构成不一定是高中现有的特定课程，也可根据高校人才评价和选拔要求，开设不以高中特定课程为考试内容的类似于综合素质评价的考试科目。

②目前高校对于究竟要评价学生的哪些能力和究竟要选拔什么样的人才的认识并不清晰，依然停留于拼凑高分学生的状态，这是急需解决的问题。应确立高校的招生主体地位，行使招生自主权，研制符合自身的、具体可行的考试内容与能力考查要求。高校也可与高中联合开发足以展示学生发展倾向的课程和内容，帮助学生了解自己，帮助高校评价学生。

③高考科目的改革也有赖于高中新课改的深化与实施，只有高中课程及内容具备了灵活性、综合性、选择性等特征，才能为灵活设置高考科目奠定基础。当然，高考科目改革与设置也离不开对考试公平的关照，增强考试科目及内容的灵活性与选择性，为不同学生展现其才华创造同等机遇。

（2）改进高考命题

高考内容改革的第二项是改进高考命题。高考评价改革要求用教育测量与评价理论指导命题，提高命题质量。自 1985 年高考标准化改革在高考命题中引入教育测量与评价理论起始，以经验为依托、以知识考查为目的的高考命题大有改观，教育部每年颁布考试大纲，指导学生复习，指导高考命题；命题中编制双向细目表确定考试内容与权重，引入难度、区分度等参数鉴别试题质量，命题质量逐步提高。但是，不可否认的事实是，高考命题中依然存在经验命题的烙印，项目反映理论、认知诊断理论等教育测量与评价理论在命题中的应用有限；在统分结合的命题模式下，各省市区命题水平不一，试题质量高低不等；

部分高校自主招生试题质量不高。

实现高考评价目标的最为微观的一个环节就是命题，试题质量的高低直接决定着高考能否全面综合、科学合理、公平公正地评价学生。改革高考命题，需做到以下几点。

第一，应加强命题研究，尤其是命题理论研究与技术开发工作。命题是高考评价的关键环节，是一项技术活动，但也需要理论支撑。命题的最直接的理论基础是教育测量与评价理论，命题相当于教育测量中的测验编写，需要根据特定测量目标，基于相应的理论基础，遵循基本原则，按照一定程序进行。命题的核心目标是如何通过特定的题目测评学生特定的知识与能力。测量活动具有间接性，题目是将学生内在素质与能力外化的刺激中介，因此，题目的质量直接决定着考试能否准确测评学生特定的素质与能力。

信度、效度、难度、区分度等是为人们所熟知的经典测量理论中衡量试题及考试质量的重要指标，这些指标的引入大大提高了命题的科学性和试题质量。近年来，教育测量理论又有了新发展与新突破，伴随认知心理学对人的认知结构及过程的研究，伴随人本心理学的发展，项目反映理论、认知诊断理论等测量理论相继产生，倡导更加精确、深入、人性化和动态化测量人的内在心理结构。这些理论在美国等西方国家的高校入学考试中的应用趋于广泛，为试题的多样性、灵活性、人性化、科学化奠定了基础。

我国从 20 世纪 80 年代初开始命题的理论研究工作，时至今日，命题理论研究仍落后于命题实践需要，高考命题中的经验成分仍占主导地位。命题理论与技术的局限性影响高考评价目标的实现，影响考试内容的选择、题型开发、试题结构、试题质量检测、分数报告、考试形式等命题与考试过程。高考评价改革要求通过考试综合全面、科学合理、公平公正地评价学生的素质和能力，这一改革目标的实现要求加强命题研究，提高命题质量。加强命题研究应及时关注教育测量理论的最新发展，紧跟国际发展趋势；应注重在与考试相关的人群中普及教育测量基本知识，鼓励更广泛的人群参与教育测量理论与技术、考试命题研究工作；应充分利用海量的高考考试分数数据，挖掘蕴藏其中的宝贵信息。总之，命题研究是命题科学化和提高命题质量的基础。从近期看，命题研究有助于改善经验式命题现状，提高试题质量；从未来发展看，则将为高考题库开发与建设以及实现计算机自适应考试等奠定基础。

第二，应推动各省市区高考命题水平均衡发展，尽快提升高校自主命题水平。当前，分省命题与全国统一命题的格局已基本形成。但是，受人力、物力、财力等因素制约，各省市区的命题水平发展不够均衡，影响高考命题质量。对此，一方面应实行命题资格准入制度和弹性制度，加强对分省命题的监管，鼓励具备条件的省市区分省命题，也允许部分省市区退出分省命题；另一方面，应以教育部考试中心为主导，引领各省市区加强命题能力建设。应转变考试机构职能，加强考试机构的专业化建设，引进专业化人才，对他们进行考试命题的理论与技术培训，建立一支稳定的专业化命题队伍。

自2001年实施自主招生改革试点以来，先后有多所高校相继实施自主招生，开始承担考试命题任务。回顾高校自主招生命题的历史，自主招生的试题每年都成为社会关注的热点，伴随社会的质疑、批评与期望逐步改革。高校自主招生的试题已呈现出一些特色，如题目灵活多样，题型新颖，试题内容不拘泥于高中教材，与时代发展息息相关等。高校命题的自主招生试题在一定程度上体现了高校人才评价与选拔的要求，要求学生不仅拥有基本的知识点，还要求具有宽广的视野，具备基本的思维能力与分析能力，具有创新潜质，表现出独特的个性与能力倾向等。但是，自主招生试题也招致不少诟病，值得反思，需要改进。

首先，高校在未来高考评价改革中将逐渐成为事实主体，发挥主体作用。高校应在深入研究的基础上，以学生评价与选拔目标指导命题，通盘考虑，系统设计。其次，应加强考试命题研究工作，建立一支稳定的专业化命题队伍。命制试题是一项科学性活动，不仅需要熟悉相关学科内容，还需要掌握基本的命题理论与技术。高校教师富于学科知识与理论，但欠缺命题的基本理论与技术，需要培训学习。再次，高校命题教师还必须了解高中教学内容与学生素质和能力发展状况，了解高校人才评价与选拔要求，命题中应将二者紧密结合。最后，自主招生命题应改变偏难、古、怪的命题倾向。单就一道题目而言，自主招生的题目固然新颖独特。但是，一套试题是基于相应评价目标的整体设计，每道试题都承担特定评价任务。试题命题中不仅要考虑每道题目的科学性与合理性，还要顾及整套试题的质量与测评功能。

2. 优化考试形式

从宏观层面的考试形式改革来看，借鉴国际经验，根据我国教育与社会发展状况，目前可按照考试入学和免试入学的基本思路设计高考考试评价形式。考试入学作为绝大多数学生入学的基本通道，免试入学则作为高校的灵活入学通道，面向在某方面表现出独特潜质的学生和弱势学生群体。在考试入学通道之下，还可再细分为统一高考入学、自主招生入学等形式；在免试入学通道下还可有申请入学、推荐入学等形式。这样，不同学生可根据自身发展情况选择特定入学形式，足以体现考试评价的灵活多样、科学合理与公平公正。

微观层面的高考形式改革是指应丰富考试题型，采用多种考试评价方式评价学生。要全面、多元、科学地评价学生就必然要求考试内容多元化，而丰富多元的考试内容只有用多种题型去呈现，方可实现其评价意图。因此，高考评价改革也需要不断开发新题型，将多种题型相结合，发挥不同题型的评价优势。需要丰富考试评价方式，充分结合笔试与面试，使不同考试评价方式的功用得到充分发挥。

（四）推进高考分数报告改革

高考分数报告是考试结果的载体和呈现方式，分数报告的形式与内容决定我们从其中可获知多少学生的评价信息。我国传统的高考分数报告是纸条式的，评价信息只有考试分数，考试分数也只有分科目分数和总分，对学生的信息呈现极为模糊，不利于学生自我认知，不利于高校区分选拔学生，也不利于以此为依据评价高中教育教学。高考评价改革的一系列内容与举措要求改革分数报告方式丰富、详细、多维度、个性化地呈现考试评价结果。如果高考评价目标、指标体系、内容形式、命题等都发生了变化，而分数报告仍沿用传统模式，那之前的精心设计也都会成为枉然。因此，在高考评价改革背景下，高考分数报告也不得不改。

"云海工程"开启了我国高考分数报告改革之先河，率先拉开改革帷幕，成为改革样板。"云海工程"在学生评价信息的输入和信息深加工方面做出了重要变革，从信息输入角度看，不仅有学生的文化科目考试分数，还通过《升学指导测验》和《学生调查问卷》采集学生发展的倾向性信息和个人基本信息，丰富了单一的考试成绩信息。从信息的深加工角度看，引进多种统计分析方法，按照能力结构分项呈现学生表现，可为学生学科专业志愿填报提供参考；通过考试分数的等值处理，还可以评估高中教育教学情况，使高考分数发挥对高中教育的积极"指挥棒"作用。"云海工程"的举措对于全面评价学生具有重要意义，对于改进传统分数报告方式具有创新价值。但是，"物之初生，其形必丑"，要使"云海工程"的设计理念和基本措施逐一得到落实，还必须奠定扎实的改革基础，创造必要的实施条件。

1. 奠定改革的认识与理念基础

所谓"吃一堑，长一智"，曾经符合教育测量与考试要求，代表高考标准化改革的具有科学意义的标准分数，由于人们认识不一，最终以失败告终。高考评价分数报告改革应从中吸取教训，广泛宣传，使高考的相关利益群体对此有正确的认识。通过对"云海工程"的调查结果显示，教师、学生、学生家长、教育管理人员等对此认识不一，普遍不是十分了解改革的相关内容。教师、学生等只是按照教育行政部门的要求按时完成相关测试，但对为什么要这么做、有何作用与价值、有何意义等的认识并不清晰，只是被动参与改革。这对充分发挥分数报告的作用构成障碍，需要通过反复的宣讲与宣传统一认识，奠定观念基础，确保改革稳步实施。

2. 加强研究夯实理论与技术基础

高考分数报告改革涉及评价理念、测评技术、统计技术、评价分数的解释应用等多项内容，需要通过加强研究夯实理论与技术基础，确保分数报告结果的科学性。通过研究要解决以什么理论为指导和从哪些维度采集学生信息的难题，只有在科学理论指导下系统、全面地采集学生相关信息，才能使分数报告内容丰富、结论科学。"云海工程"需要进一步丰富学生信息来源，全面采集学生德、智、体等方面的发展信息。因此，也需要通过研究制订信息分析框架，以学生能力构成和种类繁多的信息为前提，系统化、多维度、多层面地展示学生的素质和能力。

另外，分数报告改革中会涉及复杂的统计公式和统计学语言，如果以此种方式报告数据分析结果，恐怕大多数人不懂其含义。因此，还需要通过研究将其通俗化，无论信息统计分析过程多么高深复杂，但呈现给学生的应是通俗易懂的分数报告结果。分数报告中对相关数据普遍采用标准化统计方法，应用百分等级等标准分数，分数报告月标准分数呈现考试结果。从教育测量与统计学视角，标准分数的科学性远高于原始分数，便于对考试结果进行深度分析。

3. 充分应用报告结果

在确保分数报告结果科学性的基础上，鼓励学生、高校和高中充分应用分数报告结果。再精美的设计也要付诸实施才能体现出其价值。长期以来，高考以文化科目考试成绩为唯一评价指标和按照总分评价录取的模式使学生和高校形成固定思维模式，只重视考试分数，只看总分。综合多样、科学合理、公平公正的高考评价改革要求深入细致、灵活多样、多维度、个性化地评价学生，这是适应高中新课改、适应人才的个性化发展需求以及高校评价、选拔适切性人才的需要。

因此，在高考提供了丰富多样、科学合理的分数报告之后，还要鼓励学生、高校和高中应用这一报告。应培养学生设计个人职业生涯的习惯与能力，帮助学生利用分数报告，从多个角度认识自我，引导学生以个人兴趣与能力等为依据选择职业发展方向，填报学科专业志愿。高校不应简单以文化科目考试总分为依据评价、录取学生，要充分发挥高考分数报告的功能，利用其中包含的丰富的学生能力信息，评价、选拔符合其人才培养目标的适切性学生。也将报告中的信息数据作为依据，尤其是利用报告中各科目的能力结构及分项数据，采用增值评价方法评估高中教育在促进学生发展中的实际效用，比较不同学校、不同地区教育发展差异，诊断高中教育发展中存在的问题，为改进高中教育提供科学依据。

第三章 我国普通高中教育发展的定位

近年来，世界各国纷纷制定普通高中发展战略，而我国普通高中的发展缺乏战略统筹与宏观规划。在新时代背景下，我们必须重新认识普通高中的枢纽地位，强调普通高中在培养"全人"及"创新人才"中的独特价值。本章分为我国普通高中教育的基本战略定位、我国普通高中教育的基本性质定位、我国普通高中教育的基本功能定位三部分。主要内容包括：普通高中教育发展战略的思想定位、普通高中教育是面向受教育者全面生活的普通教育以及普通高中教育是九年义务教育后移进程中的大众教育等。

第一节 我国普通高中教育的基本战略定位

一、普通高中教育发展战略的方向定位

普通高中教育发展战略的方向定位述说起来就是全面贯彻教育方针。我国普通高中教育发展战略定位，应该从党和国家的教育方针出发。这除了是我国普通高中教育发展战略的基本立足点之外，还是普通高中教育发展战略的出发点和落脚点。经新中国成立以来教育实践的经验反复证明，普通高中教育什么时候更加忠实地坚持国家的教育方针，什么时候就获得更加健康高效的发展；什么时候背离了教育方针，什么时候普通高中教育发展就会出问题，就会引发社会矛盾，就会遭受更多的质疑。

（一）我国全面贯彻教育方针的重要性

1. 具有全局性的教育工作的根本指导思想和行动纲领

教育方针，是国家在一定历史阶段，一方面，出于社会发展和人的全面发展需要；另一方面，围绕着具体全局性特征的教育工作，而提出的一种根本指导思想，同时它也是行动纲领。关于教育方针，其本身除了为党和国家教育工

作发展指出总方向之外，同时还是教育基本政策的总概括。而关于教育方针的制定，必须围绕着三个根本问题而展开，其一，是为谁培养人；其二，是培养什么样的人；其三，是怎样培养人。教育方针涉及教育发展的战略全局、涉及长远定位、涉及发展的根本原则和根本要求。它体现着国家的教育意志和教育的基本理念，以及全民的教育根本需求。

在我们党和国家的教育方针中最关注的是什么？这一问题有着非常明确的答案，即最关注的是两个发展，分别是社会发展和人的发展。实际上，这是在教育发展战略领域中的一项最基本的问题。总之，社会发展和人的发展问题，便是教育方针所关注的问题。归根结底就是培养什么人的问题。我们党和国家的教育方针从基本面上规定了：培养什么样的人的问题，明确了教育事业的服务方向，明确了人才培养的基本途径，明确了教育的总的培养目标。普通高中教育在内的教育政策，要全面、深刻地体现教育方针，因为教育方针是教育政策制定的根据，只有体现了教育方针的教育政策才是正确的。普通高中教育，对我国教育事业和教育体系而言，是具有重要地位的有机组成部分，这决定了在对我国普通高中教育发展战略的方向进行确定时，必须定位于全面贯彻党和国家的教育方针。

2. 新中国教育事业的健康发展的重要保证

应当看到，党和国家的教育方针以及在教育方针基础之上制定的各项政策的主要意义是有力地支撑了新中国教育事业的健康发展。广大教育工作者，在不断深入贯彻落实教育方针的过程中，除了培养了大量具备较高文化科学素质的德才兼备的建设人才之外，还培养出了大量的具备较高思想道德素质的劳动后备军，这些人才活跃于我国社会主义建设各个领域，并成为其中的骨干力量。

自新中国成立以来，关于中国特色社会主义教育方针，党和国家在经过七十余年的艰难探索之后，在辛勤的耕耘之下，已发展得日趋完善。全国上下的教育工作者，在他们为教育事业奋斗的进程中，也愈发具有自觉贯彻落实教育方针的意识，这一股股新鲜的来自教育工作者的力量，正不断推动着教育事业的蓬勃发展，在使全民族的整体素质得到了较大程度提高的同时，持续为国家现代化建设，输出自己的一份力量，做出贡献。

综上所述，在新的历史条件下，为使我国教育事业能够不断健康和谐发展，有赖于正确教育方针的贯彻与落实，不仅要对我国教育事业的服务方向，做进一步明确，还要进一步明确我国人才培养的总目标和基本途径，自觉把握时代脉搏，体现素质教育。

3. 与国家教育事业的兴衰成败相关的重要内容

中华人民共和国的成立，一方面，标志着中华民族历史进入新纪元；另一方面，意味着中国教育事业迈向了一个新阶段。在建国初期，全国上下在文化教育方面的整体状况还依然十分落后，我们的党和政府针对这一现状，对教育改革予以高度重视，还将教育工作的首要任务设定为：改造旧教育、建设新教育。其中，关于旧教育的改造，主要体现在：完成了旧教育的根本转变，使之成为新民主主义和社会主义教育对党和国家的教育方针进行了确立，对社会主义教育的方向进行了明确。教育方针的制定和落实，对国家教育事业的兴衰成败有着直接的影响作用。但是，也不要忽视教育方针不是一成不变的，它是随着时代和实践的变化而不断调整的。

自新中国成立以来，随着改革开放的不断深入，不管是社会发展，还是人的发展，都发生了很大的变化，出现了很多新的情况，因此，党和国家的教育方针也随之做出必要的调整，要及时准确地反映这些新的变化和新的情况。总的来说就是党和国家的教育方针为满足时代要求，而不断发展、调整与完善。综上所述，国家教育的发展过程中，一方面，体现了社会主义教育的性质；另一方面，体现出了在不同历史时期下，为满足经济社会的发展，而对教育提出的不同要求。

（二）我国的教育方针的时代内容

1. 21 世纪前的我国教育方针体现的时代内容

（1）20 世纪 80 年代初的教育方针体现的时代内容

1981 年 6 月，在《中共中央关于建国以来党的若干历史问题的决议》中提出的教育方针，即"用马克思主义世界观和共产主义道德教育人民和青年，坚持德、智、体全面发展，又红又专，知识分子与工人农民相结合，脑力劳动与体力劳动相结合的教育方针"。这一方针是对新中国成立以来，教育实践的经验教训的总结和归纳，同时，还是在我国在建设社会主义现代化强国进程中的总目标的基础上而提出的。

1982 年《中华人民共和国宪法》规定："国家培养青年、少年、儿童在品德、智力、体质等方面全面发展。"这一内容的提出，不仅是对教育界的正本清源，同时，还对教育事业的恢复和发展，有着重要的导向作用。

1983 年 9 月，邓小平提出了新时期背景下，关于教育改革及其发展的指导思想，即"教育要面向现代化，面向世界，面向未来"。可将这一战略指导思想简称为"三个面向",这一思想在以后制定的教育方针中,都有所体现。

1985 年 5 月,在《中共中央关于教育体制改革的决定》中,对教育的重要性进行了明确,即"教育必须为社会主义建设服务,社会主义建设必须依靠教育"。

自改革开放以来,这些教育指导思想,与我国经济社会发展具有的时代特征是相符的。从教育方针认识的角度出发,这些内容实现了教育思想的一种升华和历史飞跃,即从"教育为无产阶级政治服务",转变为"教育必须为社会主义建设服务"。从教育方针实践的角度出发,这些内容一方面,对教育与社会的联系进行了加强;另一方面,使教育主动适应现代化建设需求,并以现代化建设要求为中心,而展开全方位改革。

(2)20 世纪 90 年代初的教育方针体现的时代内容

在这一时期,为使教育适应国家经济社会发展,教育方针的表述更加规范化,主要表现如下。

1995 年 3 月,《中华人民共和国教育法》,对《中共中央关于制定国民经济和社会发展十年规划和"八五"计划的建议》中提出的教育方针进行了沿用,只是在文字上做了重要修改,首先,在"建设者和接班人"几个字的前面,加上了"社会主义事业的"几个字。其次,在"德、智、体"几个字的后面,加上了"等方面",这些重要修改内容体现了在教育方针认识上的深化。自此之后,关于我国新时期的教育方针,正式写进了教育的根本大法。

2.21 世纪后的我国教育方针体现的时代内容

进入 21 世纪后,相关领域不管是对素质教育的理论探讨,还是素质教育的实践发展,都得到了进一步的发展。这些经验赋予了教育方针以新的时代内容,主要体现如下。

(1)教育为社会主义物质文明建设服务

关于社会主义的根本任务,精简起来讲就是解放和发展生产力。因此,我国社会主义现代化,必须始终以经济建设为中心,一切工作都应服从和服务于这个中心。这就要求我们必须克服教育脱离经济建设实际需要的弊端,使办学的指导思想、办学的模式、教育教学内容以及培养出来的学生等都能适应经济建设的需要。

(2)教育为社会主义精神文明建设服务

建设社会主义精神文明,述说起来不仅是建设具有中国特色社会主义的重要体现,也是促进经济建设的根本保证。对于社会主义精神文明建设而言,它的根本任务，首先，是培养有理想、有道德、有文化、有纪律的社会主义公民。其次，提高整个中华民族思想道德素质，提高整个中华民族科学文化素质。关于教育，它的主要服务对象是为社会主义精神文明建设，主要是通过传递科学知识，继承人类文化遗产并不断创新，以丰富人类精神文明宝库。通过全面提高人的精神素质，提高受教育者的文化素养与学力水平，影响人的思想观念和道德行为，进而影响社会风尚和社会精神面貌，推动社会的文明与进步。

（3）教育为社会主义民主与法制建设服务

只有加强社会主义民主与法制建设，才能保证经济建设顺利而有效地进行。市场经济在一定意义上可以说是法制经济，只有依靠法制，才会有正常的市场秩序，才能使社会主义市场经济沿着健康的轨道发展。因此，学校应该通过坚持四项基本原则的教育，传播社会主义的民主政治思想和法制观念，使青少年一代形成适应和拥护社会主义政治制度、自觉遵纪守法的思想观念和行为方式，从而推进社会主义民主化的进程，为社会主义民主与法制建设服务。

3. 关于我国普通高中教育发展战略的方向定位

我国普通高中教育发展战略的方向定位，根据党和国家的教育方针及其时代嬗变的基本精神，应当体现出正确性、前瞻性、科学性、时代性，又要方向明确，容易找到实践落实的抓手。当前，面对国际国内的新形势、新要求，党和国家的教育方针的表述也在与时俱进，不断做出新的调整，表述也在不断规范化。为此，普通高中教育发展战略的方向定位可以表述为：我国普通高中教育发展要全面贯彻教育方针，与中国特色社会主义改革实践相结合，着力于人力资源开发与全民终身学习能力的培养，积极促进全民族综合素质的提高，为培养全面发展的社会主义事业的建设者提供支持。

这些内容是我国教育方针规定的现时期的教育目的，是教育的培养总目标。关于教育目的的确定，一方面，要以一定社会政治、经济、生产，以及科学技术发展的要求为依据；另一方面，要以受教育者身心发展状况为中心。教育目的反映的内容，其一，教育目的是社会对受教育者要求的具体反映；其二，教育目的不仅是教育工作的出发点，还是教育工作的最终目标；其三，教育目的除了是对教育内容、选择教育方法进行确定的依据之外，还是对检查和评价教育效果进行确定的依据。

在《中华人民共和国教育法》中，针对教育的目这一问题，对其进行了明确，即使青年、少年、儿童成为具有社会主义觉悟的、有文化的劳动者。这一内容首先是人的全面发展思想的具体体现；其次既明确了中国教育目的其所具有的社会主义性质，还明确了中国教育目的方向；最后还指出了培养社会主义建设人才的基本要求。各级各类学校，无论是培养劳动后备力量，还是培养各种专门人才，都需要使他们在德、智、体等方面得到全面发展。德、智、体、美之间是互相依存、互相联系的。每个方面都有它自己特有的任务，在实践中不能突出某一个方面，而忽略其他方面。这一教育目的的具体内容有以下几个方面。

（1）培养的人应具有社会主义觉悟与道德

社会主义觉悟与道德，是社会主义接班人必须具有的基本素质。首先，必须有坚定正确的政治方向，即坚持社会主义道路，坚持人民民主专政，坚持中国共产党的领导，坚持马列主义、毛泽东思想，坚持四项基本原则。其次，必须有为人民服务的理想和志向。党的十一届三中全会以来，我国的经济建设已有很大的发展，人民的生活水平有了大幅度提高，但与发达国家相比，我国还比较落后、贫穷。彻底改变这种状态，要靠全国人民团结奋斗，用自己的双手创造出一个富强的国家。理想境界的实现要靠全国人民的辛勤劳动，作为劳动后备军的青少年学生应树立为人民服务的志向，并且树立起为社会主义现代化建设服务的意志，可以说，这是有社会主义觉悟的具体表现。再次，必须有法制和纪律的观念。要建设，需要有良好的社会秩序、安定的工作环境。为此，人人都必须遵纪守法，要教育青少年学生形成法制观念，严格遵守国家的各种法律。最后，必须具有良好的道德品质，而具有良好的个人美德、家庭美德和社会公德。

（2）培养的人必须掌握系统科学文化知识，拥有相应的能力

党的十一届三中全会以来，我们党工作的重点，随着时代的发展，已经发生转移，将重心转移到社会主义的经济建设上来，而要想实现四个现代化，关键是科学技术的现代化。青少年要想成为社会主义的建设者，如果不掌握现代科学文化知识，就不可能在四化建设中发挥应有的作用。我们必须大力提高全民族的科学文化水平，学校必须努力提高教学质量，根据学生所能接受的程度，用先进的科学文化知识来武装他们，并且在传播知识的同时，还要发挥他们的智力，培养他们的能力，使他们具有建设者所必需的本领，成为适应社会主义现代化建设的合格人才。

（3）培养的人必须身心健康且具有独立的个性

我们培养的人是社会主义的建设者。没有健康的体魄，即使有很高的社会主义觉悟、精深的业务知识和良好的工作能力，却也是心有余而力不足，不能很好地为社会主义现代化建设服务。身体是"德和智"的物质基础，是培养全

面发展的人的重要组成部分。我们应充分认识到青少年体质健康的重要性，着力促进他们身体的正常发育和体质的增强，保证其身体健康。

全面发展是建立在社会每个个体成员个性得到充分发展的基础之上的。为了真正促进个人的全面发展，必须充分保证受教育者个性的发展。因此，我们培养的人，在社会统一要求的前提下，必须培养他们具有独立的个性。另外，个性的充分发展也是个人全面发展的本意，忽视了人的个性就谈不上全面发展。

（4）培养的人必须具有认识美、爱好美与创造美的能力

可以将美育解释为审美教育，就美育的性质而言，它还是一种情感教育。首先，美育的标准，述说起来主要有两个方面的内容，其一，是特定时代的审美观念；其二，是特定阶级的审美观念。其次，美育的核心，概括来讲就是情感。再有，美育的手段，概括来讲就是形象。最后，美育的宗旨，概括来讲就是实现人的全面发展。

关于美育的作用，它一方面，能培养人与"美"息息相关的理想、品格，以及情操和素养；另一方面，它还能培养人在欣赏、创造美两个方面的能力等。社会主义社会的美育是为建设社会主义精神文明和培育学生心灵美、行为美服务的。它用现实生活中的美好事物和反映在艺术形象中的先进人物的思想感情和活动来感染受教育者。它广泛而深入地影响着学生的情感、想象、思想、意志和性格。它能丰富学校的文化精神生活，激起学生的情绪体验，有助于培养高尚情操，提高社会主义觉悟，鼓舞学生为实现共产主义理想和创造一切美好的事物而奋发向上。

美育对德育，智育、体育都有积极的影响。美育的教育对象是学生，主旨是通过优美感人的艺术形象，来帮助他们正确认识他们的生活、理想，是他们在生动的思想品德教育影响下，促进他们的政治品质、道德面貌和思想感情健康地成长。这一教育对于学生而言，首先，美育能帮助他们正确认识现实和历史。其次，美育有助于学生观察、想象、形象思维和创造能力的发展。最后，美育还有助于学习效果的提高，帮助调剂他们的生活。美育课程除了要求整齐清洁之外，还追求美化环境，因此它不仅有助于学生的健康发展，还有助于体育的开展。

我国普通高中教育发展战略的方向定位做这样的表述，可以更好、更全面、更完整地体现出邓小平同志所讲的"三个面向"的思想，体现出党的新精神、新要求，体现出当今时代教育发展的基本趋势和要求，体现出中国教育之中国特色，体现出我国教育的基本理念，体现出人的发展的基本需求，同时体现出

国家意志。

具体地说，更好地反映出素质教育的理念和精神，反映出在全球范围内备受关注的全民教育、公民教育、终身教育、创新教育等基本的教育理念。高中阶段应强调奠定高中生进一步学习的基础学力，养成其人生规划能力，培养公民基本素养并形成健全人格。我国新课程方案明确提出在课程内容上要注重基础性。

第一，高中课程的内容应在体现时代精神的同时选择那些超越不同历史时期而具有恒久价值的相对稳定的知识；第二，高中课程内容应在尊重多元文化的同时选择那些超越不同地域、民族与文化的共同知识与价值；第三，高中的课程内容应致力于为每一个高中生的终身学习、毕业发展奠定知识、能力和态度的基础。

二、普通高中教育发展战略的制度定位

这一定位就是高考制度。我国普通高中教育发展战略的制度起点，应该是我国的高考制度，其主要原因如下。

（一）高考制度的重要性分析

建设新中国、发展新中国，都需要人才。而在实现"四个现代化"奋斗目标过程中的首要制约因素，就是人才的匮乏。在改革开放初期，存在的一个较为严峻的问题就是正常教育秩序残缺不全，社会上普遍存在着缺人才的问题，尤其是专业人才，在这种社会背景下，人们不仅渴望知识，更加渴望教育振兴。在当时的教育领域，头等的大事就是高等教育事业的恢复和发展，以此来培养出大量的人才，来支撑社会主义现代化建设。

1978 年 3 月，在全国科学大会上，邓小平指出："科学技术人才的培养，基础在教育。"这些言论为祖国大地带来了一股学习科学、重视教育的热潮，大量渴望知识的青年开始了刻苦学习、用心钻研业务的道路。

1977 年 8 月 8 日，在邓小平的亲自指导下，逐步建立起来的与我国国情相适应，以及能够满足社会主义建设背景下所需人才的高等学校，开始全面恢复统一招生制度。自此之后，教育界冲破重重障碍，终于在 1977 年的冬天，使得中断多年的高考制度得以恢复。这一内容可以说是我国早期教育改革中的一项具有重要意义的改革，不仅强烈地震撼了教育界，还震撼到了全社会。

（二）高考制度的意义

1. 高考制度满足人民群众日益增长的科学文化需求

高考制度是极大地满足广大人民群众日益增长的科学文化需求的基础制度平台。恢复高等学校招生制度，不仅仅是高等教育领域的一件大事，不管是对整个教育事业的发展，还是对整个社会的发展而言，都是一项具有重要意义的大事。随着高考制度的恢复，使得一大批青年人的精神状态，都得到了改变，由沉闷转变为热情，不仅如此，广大青少年学习者和教师的精神也都得到了振奋，青少年更加重视科学文化知识的学习。这一系列改变为教育界重新注入了活力，改变了全国的教育风气。

就高考制度的恢复意义而言，它还激活了整个社会，不管是社会风气，还是人们的生活方式，都随之发生了改变。自此之后，无论是中国教育，还是中国的人才培养，都迈入了健康的轨道。在这之后，在邓小平的主导下，在启动"恢复"高考制度工作的同时，也进一步扩大派遣留学生。综上所述，邓小平决策领导下的教育领域改革，提出了许多具有划时代意义战略决策，成为了中国改革开放中的重要内容。

2. 高考制度的恢复是时代的呼唤

关于高考制度的恢复是我国整个教育改革与发展和教育制度建设的内在需求，是时代的呼唤。1977 年 5 月 12 日和 5 月 24 日，这一天在邓小平在和中央有关领导同志展开的谈话中，就如何实现现代化的问题提出：其关键之处就在于科学技术，科技的发展有赖于教育，因此，一定要在党内形成一种尊重知识和人才的良好氛围。

1977 年 7 月，在中共十届三中全会中，确定了邓小平党、政、军领导职务的恢复，刚一恢复工作。作为一名政治家、战略家的邓小平，无时不刻地在思考着中国的前途命运，以及中国发展道路的问题。邓小平郑重向中央提出了工作请求，即分管科技、教育工作。邓小平认为要想实现中国的现代化建设，其关键之处就是科技和教育。他认为教育问题，直接关系着国家和民族的生存和发展，并对教育界全面恢复教学秩序工作，进行了亲自指挥和领导。

应当看到，自 1977 年开始，一个国家的光明前途，变得清晰可见，一群青年人的奋发意气顷刻被点燃，激发出了无数人的热情，百万青年有的从田地间，有的从工厂车间，纷纷迈入高考的考场。在这场世界上有史以来人数最多的考试中，亿万青年迸发出了巨大的求知愿望和热情，宛如江河奔流，汹涌澎湃。

全国高考制度的恢复，为我国普通高中教育发展战略奠定了时代性制度起点。

3. 高考制度的恢复为迷失的中国教育拨正了方向

高考制度的恢复，为迷失的中国教育拨正了方向，为体系混乱的中国教育恢复了学制体系，给濒临崩溃的教育注入了活力。教育在邓小平的亲自指导下，冲破徘徊局面，逐渐展开了全面恢复和整顿。当时人才的匮乏现状导致社会各层面都迫切希望加快高校招生制度的改革。

1977 年，邓小平着眼于教育战线，正式开始了中国解放思想的伟大航程。这一年，在恢复高考的前期，邓小平在多次会议与谈话中，初步显示出了他对科技和教育问题的重视，并针对高等学校招收工农兵学员，以及恢复高等学校招生考试两个方面的制度问题，重点提出了两点意见。第一点意见，在高等学校招生领域，要对文化考试制度进行恢复。第二点意见是提倡高等学校招生，要实现"两条腿"走路，一方面，大学要从工农兵中招生；另一方面，就重点学校而言，在招生时可从应届高中毕业生中选取，同时，还提出允许高中毕业生直接上大学的观点。

此外，1985 年 5 月，在北京召开了全国教育工作会议，在这一会议中，邓小平发表了名为《要把教育工作认真抓起来》的讲话，可以说，对于中国教育而言，这不仅是有着重要历史意义的会议，同时，还是一场具有深远影响的会议。并在这一会议之前，由中共中央正式颁布了《中共中央关于教育体制改革的决定》，在这一重大纲领性文件中，提出："必须从教育体制入手，有系统地进行改革。"

在我国教育发展史上，这一决定的颁布，可以说是一个重要里程碑，它一方面，以教育发展正反两方面经验为中心对其进行了总结；另一方面，还以教育体制改革的正确方向为中心，对这一内容进行了指明。在这一决定中提出了新的历史时期下，关于教育事业的战略目标，那就是"教育必须为社会主义建设服务，社会主义建设必须依靠教育"的根本指导思想。此外，该决定还在改革开放和现代化建设两方面的总体设计中，正式将教育改革纳入其中。自此之后，国家决策层正式开始了狠抓教育改革与发展的道路。

高考选才方式起到的重要作用是，保证了生源的较好自我管理能力和基础素质，但同样不能忽视的是高校教师的外部管理能力和教育条件。他们在大学生的学习中同时发挥着重要的作用。但仅有这些学生的自我管理能力，甚至同时具备自我能力与外部教师的管理能力，都不能有效地预测学生将来贡献的大小。也许高考招生方式的功能，一方面是除了学术标准不合格者，另一方面能够使得某种职业能力的学习更为顺利，还有一个意义，从社会学角度讲也许如法国社会学家皮埃尔·布尔迪厄（Pierre Bourdieu）所言，高考是一项合法分类法律行为，同时，它除了是筛选国家精英阶层的机制之外，还是筛选大众阶层的学业分类机制。

由以上分析可以看出，我国普通高中教育发展战略的制度定位，是国家高考制度。也可以说，只有在国家确立了高考制度之后，普通高中教育才在战略上确立了它在我国教育制度体系中的制度地位，从而也才能确立其社会地位。只有在国家恢复了高考制度之后，普通高中教育才在战略上重新获得了其历史地位和社会地位，并逐渐在中国特色社会主义建设的伟大事业中发挥出它应有的重要作用。但是，随着改革开放的深化和社会主义建设事业的发展，我国社会经济、政治、文化和生态文明的发展取得了巨大的成就，获得了崭新的基础，广大人民群众对普通高中教育发展的要求越来越高，表现在期待越来越迫切。此外，就普通高中教育过去的战略定位所承载的历史使命已经完成，需要在新的时代条件下进一步彰显出其新的社会价值，发挥出符合新的时代要求的作用，就必须重新调整战略定位，在人的健康全面和谐发展方面，使得更加积极的社会意义得到更好的实现。从我国普通高中教育发展战略定位出发，有必要进一步明确普通高中教育的性质、规模以及功能。

第二节　我国普通高中教育的基本性质定位

一、普通高中教育是为受教育者终身发展奠基的高层次基础教育

（一）我国普通高中教育发展战略的首要问题

关于确定我国普通高中教育发展战略的首要问题，是明确普通高中教育的基本性质定位。实现高中阶段教育的普及，要求我们重新认识普通高中教育的基本性质。无论是精英阶段、大众阶段的普通高中教育，还是普及阶段的普通高中教育，它们的基本性质和任务，都发生了明显的并且是不可逆转的变化。

实际上，人们不管是对普通高中教育基本性质的理解，还是对普通高中教育任务的认识水平上，还停留在"精英阶段"。这就导致一方面，不管是普通高中生源还是普通高中的质量都在逐年下降的普遍误判的产生，同时，人们还存在着无法理解教育教学现实中诸多现象的问题；另一方面，对普通高中教育

基本性质的理解的不准确，不仅对普通高中办学行为有着严重的影响作用，还严重影响着普通高中的教学行为。总而言之，就是任何一所高中，都想要力争上游成为省内或国内一流高中，并且为了学生们都能升入一流大学，不把学生当作大众来教，而是把他们当作精英来教。因此，普通高中教育要想实现健康发展，其重要前提就是对普通高中的基本性质和任务，展开重新认识和进一步的理解。这一内容对于普通高中教育发展而言，有助于其不断走向科学化和法制化轨道。

自 1922 年实行"新学制"（"六三三学制"）后，普通高中教育成为我国学制系统中一个新的教育阶段。新中国成立以来，我国社会早已发生了极大的变化，在教育领域，更是获得了极其迅速的发展，其中，不管是普通高中教育的内部，还是普通高中教育的外部，均发生了前所未有的变革，传统普通高中教育中的"双重任务说"，随着时代的发展，一直没有纳入新的内容，反而，愈发难以包含普通高中教育变得更加复杂的性质与使命。这里所指的当代普通高中的性质与使命，正在随着人们在认识事物的方式和能力的进化而不断发展成为一种比较系统的新认识。

（二）我国普通高中教育发展战略的基本判断

1. 我国普通高中教育的定性

关于以普通高中教育发展为中心展开的基本判断，即普通高中教育是建立在九年义务教育基础上的，能够促使国民素质得到进一步提高的一种教育，同时，其本质依然还是一种面向大众的基础教育。关于普通高中教育的这一定性，首先，能够在整个教育体系中，对普通高中所处于的具体位置进行确定，即普通高中教育除了不属于高层次的专业教育之外，同时，也不属于基础性的义务教育，其确切的定位，正处于这两种教育之间的交汇点和衔接位置。其次，依据普通高中教育的定性，即属于非义务阶段的教育，这就意味着普通高中教育具有的一种特性就是可选择性，简单来讲，就是人们可以就是否接受这种教育进行选择。

综上所述，就普通高中教育的性质而言，是一种准公益性教育，这是因为普通高中教育除了具备公益性质之外，还具有非公益性质，前者表现在满足人们教育需求，后者表现在不仅具有一定的接受人们选择的性质，还具有接受市场调节的性质。

2.明确普通高中教育任务的意义

对普通高中教育任务的意义进行明确，其所具有的意义主要有三个方面的内容。

首先，不仅可以促进财政投入保障机制的建立，还有助于财政投入保障机制的完善与对各级政府的办学责任进行明确，同时，有助于合理的成本分担机制的建立。

其次，能够促进普通高中教育在人才培养规格方面上的确定，简单来讲，普通高中教育所培养出的人才，其一，在可塑性方面要较强；其二，在适应性方面要广泛；其三，在发展方面，要多样性。以此来为未来的专业化人才发展打下一个坚实的基础。

最后，能够促进对普通高中的办学行为进行规范，简单来讲，就是高中教育除了要具有较高的起点之外，还要具有较高的层次，同时，还要能体现出教育的现代化特色。

综上所述，将普通高中教育的定性和定位应用于实践，一方面，能够对社会各界办学的积极性进行充分调动；另一方面，不仅有助于对教育资源的不足之处进行弥补，同时，还有助于对高中升学压力进行缓解。

3.普通高中教育具有的特征

（1）普通高中教育的社会选择性

作为一种选择性教育的高中教育，它在发展的过程中，必然会直面社会的选择。这里所指的选择是一种双向的选择，简单来讲就是在学生及家长方面，他们有权选择学校，而在学校方面，它们也具有选择学生的权利，并且这些选择都不应有所强迫。

（2）普通高中教育的市场调节性

关于普通高中教育的未来发展，不能再像过去那样，应该接受市场的优胜劣汰，实行有序的竞争。因此，首先，必须对办学的效益、效率以及质量加以重视。其次，在办学过程中应充分尊重效率优先原则。最后，要做到兼顾公平，这是因为不能将普通高中教育彻底转变为完全市场化的行为。

高中教育是一种准公益性的教育，因此，有必要充分体现出教育的公平理念，若非如此，就会导致学生因受家庭经济的影响，而不能继续接受教育，总的来说，这不管是对个人的发展，还是对社会的发展来说，都是极为不利的。政府具有保证教育应有的公平性的职责，因此，政府方面要充分发挥出其所具有的引导、规范作用。

在国家教育链环中，普通高中教育所处的位置是将初等教育和高等教育两个教育环节联结在一起的一个环节，即中间环节。同时，普通高中教育还是教育与就业二者之间的一个过渡阶段，展开来讲就是对所有国民而言，都能达到的基础教育，即所谓的达到适应社会最低水平的教育，与不是所有国民，只有部分人才能接受的专业教育，即所谓的获得高等教育机会两种教育之间的过渡阶段。这一阶段是个人发展的关键时期，它不仅影响着国家的教育公平，还与教育质量和国家竞争力有着紧密的联系，具体到国民社会发展体系中，它发挥着重要的承上启下作用。

如前所述，普通高中教育，是中等教育的高级部分，同时，它还是处于义务教育后，并且是与职业技术高中处于平行位置的一种基础教育，其发展所具有的相对独立性则有助于其兼容"中等教育"与"普通教育"的双重性质。为此，我们明确并强调普通高中教育的义务性和普及性的两种价值取向，这就决定了普通高中教育的基本性质，那就是人之"中成"的教育阶段。

二、普通高中教育是面向受教育者全面生活的普通教育

（一）普通高中教育的概念

普通高中教育首先是一种普通教育。普，全面之意。通，通达、通畅、贯通、交通，无阻隔之意，与"专"相对，所谓"通人"泛指学识渊博、贯通古今之士。普通，平常、一般之意。普通教育又称通才教育、博雅教育、文雅教育、自由教育等，是相对于职业教育、专门教育而言，具有综合性、非功利性和自由性或解放性等特点。人的现实生活是全面的，普通教育就是面向人的全面生活的全面教育。

（二）普通教育的两个基本假设

从学理层面考察，普通教育以两个基本假设为支撑，以下来叙述其主要内容。

1. 关于人性整体性的假设

现实的个人无一不是完整的、活生生的、有血有肉的生命体，是心与物、灵魂与肉体、理性与非理性的统一，是处在一定社会关系当中的能动个体。整体的人具有多方面、多层次的需要，包括物质与精神方面的、创造与享用方面的等。整体的人追求全面丰富而有诗意的生活，这种生活不仅仅包含职业生活，

还包括闲暇生活、情感生活，以及探险生活。

综上所述，人的整体远在任何能设想的客观化的事物之外。普通教育，应通过完满而丰富的教育活动，一方面，来不断促进人性的充分展开；另一方面，来不断丰富人性的整体生成。以此，来促进受教育者，使其除了要学会认知之外，还要学会做事，使接受教育后培养出的人才，是会共同相处，能不断促进自身发展的，并且在今后能顺利从事职业工作，游刃有余的扮演不同社会角色的人。总的来说，要使得培养出来的人，首先，是健全的"受过教育的人"；其次，是能过正常人的生活，并且能参与各种社会活动、充分享受生活的人。

2. 关于教育重要使命的假设

就人类社会而言，其中不仅包含着共同的科学文化知识，同时，还有着许多"普世"价值，这一内容是历经多年长久不变且被广泛尊崇的价值。而教育的使命，就是对这些基本价值在进行弘扬的同时加以传承。在人类社会长期积累下来的一些共同价值有：诚实、勇敢、助人为乐等，这些内容都是人类文明中珍贵的"共同的大众文化"。这些大众文化是需要被许多人所共享的，这样做是避免支离破碎的社会发生进一步的分化。

随着科学技术的不断发展，新的技术革命为当代社会带来了巨大的物质财富，人在物质财富得到满足之后，就开始了对人生意义的追求。在许多人的过于追求片面单一感官快乐的影响下，导致社会中长期积累而成的许多是非荣辱等观念，正在面临着破裂或变异，此外，人的思想活动也发生了明显的变化，即表现在思想方面上的独立性、选择性，以及多变性等明显提高。

随着社会的快速发展以及竞争的愈发激烈，机遇与风险也随之而来，不管是对人的心理健康，还是对人的精神健康都提出了较为严峻的考验。人类在考验中通过不断反省，开始认识到重建共同价值的重要性，即不仅是对这些变化的最佳应对方式，还是应对变化的基本途径。此外，重建共同价值还有一项不容忽视的内容，那就是可以促进人类个体在精神潜力方面能力的开发。

3. 两种假设的要求

（1）普通高中应对学生进行完整的普通文化教育

对于普通高中教育而言，真正重要的内容是教育过程中教授的普通文化科学知识，通过普通文化教育的实施，其一，使学生具备一定的普通知识，包括社会科学、自然科学、人文科学知识等；其二，要不仅要使学生具备处理社会问题的能力，还要具有基本文化修养。加强文理渗透与综合，力求所有高中生在文理科上达到基本相同的水平。以学生的精神生活为中心，不断对其进行丰富，一方面，有助于使学生的人生价值、意义与品位得到有效提升；另一方面，有助于学生积极健康的人生观、价值观两方面内容的初步形成。

（2）普通高中应采取"为人"与"属人"的教育方式

"人"这一生命体，无疑是具有主动性的，而不是不具备生命的接受知识的容器。因此，在教育的过程中，除了要重视体验以及促进交往之外，还要重视启发。"人"的成长是在人类优秀文化的潜移默化影响下形成的，而不是在训练下，甚至是突击强化训练下而成的。这样的途径，是面向生活的一个比较普通的过程，其中主要包括：其一，自觉的与自发的；其二，正规的与非正规的；其三，系统的与非系统的；其四，自觉的与自发的。

三、普通高中教育承载着培养全人的多重社会使命

从宏观的角度出发，我国普通高中教育不仅担负着为高等学校输送优秀后备人才和培养高质量的新生劳动力，也担负着培养完全人格的人的任务，当然还有其他许多内容，如辐射文化、服务社区等。因此，普通高中教育的任务在客观上存在着一个多重、多样化的任务体系。尽管"升学、就业、全人"是国外部分有代表性国家普通高中教育的三维发展目标，但事实上，在深刻意义上讲，无论是"升学"，还是"就业"，它们除了不是不可分解性的任务之外，也不是普通高中的终结性任务。其真正讲的是服务社区、开展交流，以及普通高中辐射文化等诸多基础之上完成任务，可以将其称为"任务中的任务"。

总之，就普通高中多重任务体系而言，它们有着明晰的层次，并且居于核心位置的内容是全人的培育。全人的培育这一内容，首先，它决定了普通高中教育是区别于其他升学助考班或就业培训机构的一种高级中等教育机构。其次，它能够以普通高中其他任务为中心，并使其能得以顺利实现。再次，决定了普通高中教育的外在直接任务，即升学、就业。最后，决定了普通高中教育的基本任务，那就是辐射文化、服务社区，以及发展自身等。

普通高中教育首先能够为今后的继续教育做准备；其次是为未来生活做准备；最后还能够为培养健全人格做准备。基于这三方面内容，做到三位一体，然后，对普通高中教育的目标进行定位，那就是"四个学会，一个走向"，展开来讲，前者包括：学会认知、学会生存、学会做事和学会共处。后者是指：走向全人。

第三节　我国普通高中教育的基本功能定位

一、普通高中教育为"未完成人"终身发展奠基

（一）普通高中教育的基础性为人的终身发展奠基

对于普通高中教育而言，"基础性"无疑是这一教学的又一天性。而基础教育的概念，即以儿童为中心而实施的一种最低限度的教育，可以说，基础教育除了是受教育者发展的起点之外，还是受教育者发展的根本之所在。从社会的角度出发，总是将基础教育的核心部分定义为：其一，当前时代背景下，对人的各类品质的需求；其二，是保证人能够得以持续发展的必备素养；其三，是对于人的发展来说的一种基本工具，而且是必须掌握、不可缺失的工具。在人类文化中，包括了基础知识、基本技能，以及基本思想在内的部分，除了具有一定的稳定性之外，还有着极大的适应性和可迁移性。

随着科学技术的飞速发展，不管是科学技术的专门化，还是科学技术的综合化，都得到了极大的增强，但是，就各门学科的生存和发展而言，其基础还依然未变，那就是基础知识所论证的基本规律。历史上和当今大量的发明创造，归根到底都离不开基础知识，若是与基础知识相背离，其结果必然会导致科学技术和社会发展两个方面的发展为"一场空"。自 20 世纪 50 年代，全世界都开始意识到，在教育改革中，基础教育所具有的重要地位，加强基础教育成为教育界发展的共同趋势。

普通高中教育所教授给受教育者的内容，不是一成不变的，在不同的社会、时代和学段中，都有着不同的内容和要求。时间发展到 19 世纪末至 20 世纪中期，在众多资本主义国家中，逐渐普及了初等义务教育，并且在基础教育方面，也逐渐由初等教育延伸到中等教育阶段，这时，教育要求就发生了改变，即由最基本的读、写、算等知识和技能的掌握，逐渐扩展到要求学生掌握与科学技术发展密切联系的基础自然科学以及与公民品格、修养相关的人文社会科学的基础知识。

在《普通高中课程方案》这一由教育部颁发的文件中，一方面，规定了高中教育的培养目标；另一方面，还明确了高中教育的教育内容。当代普通高中教育中所包含的基础性内容，主要分为：第一，习惯层面。这一层面包括良好

的生活、学习以及交往习惯等内容。第二，知识层面。这一层面主要是指以语文、数学、外语三门基础学科以及各门学科中的基础知识。第三，方法层面。这一层面除了包括基本的学习、思维方法之外，还包括获取和利用信息的方法。第四，技能层面。这一层面主要是指以听、说、读、写几方面内容为代表的各学科通用的及其自身所具备的基本技能和能力。第五，价值层面。这一层面主要包含三个方面的内容，其一，是积极向上的人生观；其二，是社会准则；其三，在社会领域，所倡导的创造性和批判精神。可见，普通高中教育的基础性，对于为人的终身发展而言，具有的奠基作用。

（二）普通高中教育的终身性为人的终身发展奠基

基础教育是学校系统教育的基础。首先，从国家的视角出发，其一，它是成就一大批拔尖创新人才的基础；其二，它是培养出数以千万计的专门人才的基础；其三，它为大量高素质劳动者的培养打下了坚实的基础。其次，从个人的视角出发，一方面，这一教育环节是"人之初"最为重要的环节；另一方面，是为每个人铺设生命底色，以及能为个人"增加可教育性"的一项基础工程。最后，从生理和法律意义的角度来看基础教育，尽管人们对"成人"有着明确的以年龄为依据的判断标准，但是，在教育领域中的"成人"，其概念则是贯穿个体生命始终的过程，这样描述的原因是人永远处于一种"未完成"状态。而关于人的发展并不限定在某一年龄阶段，它是终身的，它使人不断地变成一个全人。总而言之，终身教育述说起来便是一种与人的终身发展相适应的教育。

就传统教育而言，由于其所具有的"一次性"性质，导致基础教育中，常常纳入许多非基础教育本义规定的内容，最终造成基础教育的不堪重负。在现代，我国的终身教育体系，已日趋完善，可以说是已基本形成，至少能从两个角度解放基础教育。

1. 大胆删除非基础教育本义的内容

有助于基础教育，能够从过重的内容负担中进行解放，一方面，使其回归本义；另一方面，使其专心致志地承担"打基础"的任务，在使受教育者掌握必备的基础知识、基本技能和基础学力的同时，激发继续学习的欲望，坚定继续学习的信念，掌握继续学习的技能技巧，养成终身学习的习惯，成为适应学习化社会要求的终身学习者。

2. 解放受教育者的心理负担

基础教育尽管对人的终身发展有着重要的意义，但是，它并不能对人的终身发展起到决定意义。在教育体系中，起步阶段教育失利并不意味着终身失败，其欠缺是可以从后面的教育环节中得到补偿的，这种案例并不少见。高中教育从终身教育理念的角度来看，其最应该关注的内容是教育者发展的可持续性。

二、普通高中教育是九年义务教育后移进程中的大众教育

（一）早期的普通高中教育

1912—1913 年，民国政府对教育宗旨进行了总结，其首要教育宗旨是养成国民健全之人格，并且这一内容就来自"壬子癸丑学制"。这一制度还对中小学目标进行了定位，那就是大众主义。这一定位主张旨在排除诸多不良教育思想，如升学教育、科举遗习等。可惜的是在当时，这些内容还无法得到落实，只能停留在理想之中，因为在当时，并不是所有人都具备进入学校读书的条件，有机会进入中学读书的学生多来自中等家资以上家庭。直至 1922 年，高中教育实施新学制之后，经过统计，高中生人数相较于以前要更为稀少。可见，小众教育、精英教育还依然是当时普通高中教育中普遍存在的现象。

（二）新中国成立后的普通高中教育

在新中国成立之后，普通高中的"大众教育"性质才开始走向成熟。20 世纪 80 年代中期，我国开始了九年义务教育的大力普及。2000 年，完成了普及九年义务教育的预期目标，在普通高中教育事业领域，也获得了长足发展。普通高中教育逐步成为了在九年义务教育基础上之上，能够促进国民素质得到进一步提高的一种大众教育，并且近些年来九年义务教育正在许多地区稳步后移。

普通高中具有的非义务教育色彩，伴随着大众教育性质发展的愈发显著，将会趋于淡化。这一变化的意义不止停留在数量的变化之上，它反映出了高中教育将会发生剧烈的变革，表现在：第一，自此之后的普通高中，除了是所有人都应该接受的教育之外，还是所有人都能接受的教育。第二，不管是高中教育的培养目标、教育内容，还是高中教育的教材难度，不会始终如一，而是会有所调整，这体现出了高中教育中的差别化和一定的弹性。此外，随着课程改革的不断深入，以大众语文、数学、物理为代表的"大众理念"，将会逐步强化。第三，在教育教学工作方面，除了强调应用能力的培养之外，还对实践能力的培养进行强调。而普通高中与中等职业教育二者之间的区分，即高下之分发生了改变，转变为依据受教育者具有的个人特点，来展开不同选择。第四，变革中的普通高中教育，首先，就日常的教育理念而言，将进一步面向全体。其次，

在重点与非重点的区分方面，将随着改革的发展，变得日益淡化甚至是消失。最后，在激励手段方面，以选拔和竞争为重点的现状将会发生改变，将发展为以目标、理想以及权利和义务教育为主。

三、普通高中教育是满足升学与就业双重需要的预备教育

教育部在 1916 年，针对高中教育宗旨的问题进行了讨论，并对其进行了明确，即"一方面为升学之预备，一方面为谋生之基础"。新中国成立之后，我国的高中教育延续"双重任务"的提法，一度流行的著名口号"一颗红心，两种准备"，就是要使"双重任务"得到切实的落实，每一位高中学生在结束普通高中教育后都能够接受党和国家的挑选，独立地生活与学习。但是，在实践的过程中，这一宗旨在落实的过程中，极为容易陷入两大认识误区，具体内容如下。

（一）普通高中把双重任务分解到不同学生身上

这一误区的主要表现可以形象地比喻为："皮鞋班"与"草鞋班"，前者是指部分学生专门预备升学，后者是指部分学生专门预备就业，这种划分一直以来都是壁垒森严，并且广受批评。在今天依然要对这一现象进行摒弃。

（二）普通高中对升学预备教育理解过于片面

这一误区主要表现在将升学预备教育，描述为专门瞄准升学考试的教育，没有意识到高等教育的重要使命赋予升学预备教育的意义，同时也忽视了高等教育使命对普通高中提出的基本要求。高中毕业生应具备的基本的学习方式和行为习惯要求，许多高中生还依然没有达到，这些基础知识和技能的缺失，导致他们在进入高校之后，还要耗费时间进行弥补。在现实教育中，学生爱动好问的天性受到连续不断的压抑，到了高中阶段几近泯灭。在升学考试的沉重压力下的学生，过于依赖教师、书籍和标准答案，在知识和技能的掌握上，过于强调记忆、复制、再现，最终导致学生失去了创造的兴趣与热情，这种结局无疑是悲哀的。

第四章 普通高中教育发展的国际比较

近年来，我国开始着手进行高中教育改革，不断吸纳国际先进、创新的高中教育经验，并对其高中教育的规模发展和课程发展进行深入研究。本章主要包括美国普通高中教育的发展、英国普通高中教育的发展、德国普通高中教育的发展、法国普通高中教育的发展四部分。

第一节 美国普通高中教育的发展

一、普通高中教育不断走向整合的目标

美国的建国者于1787年便在美国宪法中提出了民主进步的思想，即"人人都享有受教育的权利""人生而平等"。到了19世纪六七十年代，受经济危机的影响，社会不断提高教育税引发了许多人的不满，主要矛盾集中在州或学区是否能够通过征收教育税的方式建立"公立学校系统"。

以公立教育为主流的大众教育是美国高中教育的核心。学生在其所属的学区可以根据自己的年龄、学习能力、知识水平等选择一所学校进行就读，当对其就读的公立学校不满意时，学生可以根据相关规定转到其他选择性学校就读，政府则会根据学生选择就读学校的改变转移教育经费。

在美国目前的中学系统中，最常见、最主流的模式为综合高中。1959年，美国著名教育家詹姆斯·布莱恩特·科南特（James Bryant Conant）在《今日美国中学》一书中对综合中学进行了简单的叙述，他认为整合了所有青少年需要接受的教育的机构为综合中学，它是"铸就美利坚民族灵魂的熔炉"，具有美国社会特点，是人们忠于机会、地位平等思想的家园，可以说是"美国教育民主化"的标志。

在当今美国的综合中学中，学生可以在较大程度上自由构建知识和获取能力，具有相当大的学习选择权。综合中学是由中等教育改组委员会提出来的一

种办学模式，其主要任务是满足学生不同的教育需求。

在美国的历史上因为没有经历封建等级制教育的传统，因此历来就把民主与平等观念作为立国之本，所以一直是实行单轨学制。不过，在中小学里普遍存在着分组教学的传统，即把一个年级的学生分成不同的小组，在此基础上分别给予不同学科、不同程度的区别培养。到了 20 世纪早期，综合中学的模式逐步占据主流，学生"在同一屋檐下"分别接受学术性、职业性和普通证书教育的格局形成。

殖民地时期，美国早期的拉丁文法学校以升学为目的，教育服务的对象局限于少数富家子弟。这种单一的、特权性质的办学目标遭到了本杰明·富兰克林（Benjamin Franklin）倡导的文实中学的摒弃，升学与就业同时成为中学追求的目标。20 世纪初，美国中等教育改组委员会的报告阐明了中学、升学、就业和"全人"的教育目标，60 年代科南特又根据中等教育改组委员会提出的中等教育的七大原则进一步构想并肯定了高级中学学术教育、职业教育和普通教育三科分流而又集中于"同一屋檐下"的实践模式，从而使中等教育的三维导向目标得到具体的体现。

从 20 世纪 80 年代到 21 世纪期间，罗纳德·威尔逊·里根（Ronald Wilson Reagan）主张应将教育放在政府的头等大事之中，他认为教育永恒的目标是不断完善、追求卓越，是公立的视野。

现如今，美国大部分州分别实行 9 年、10 年或 11 年不等的义务教育，只有四个州实行的是 12 年义务教育。需要注意的是，美国中学阶段的设置也存在着许多差异，虽然中小学教育年限加起来基本上都是 12 年，但分为分段制和一贯制。一般情况下，学生上小学一年级的年龄为六岁，中学毕业时的年龄为十八岁。从社会学意义的角度来看，中学毕业生已经拥有了独立的公民身份，因此不仅要完全承担作为社会公民应尽的义务与责任，还可以完全享有社会公民的一切权利；从生理的角度来看，当学生完成高中学习时已经步入了成人的行列，可以自食其力，并且开始承担一定的社会劳动。

综上所述可知，美国无论是分段制高中教育阶段还是一贯制的中学阶段，都与其他国家一样属于一个较为特殊的时间段，是学生进入劳动力市场的重要转折点。因此，世界各国的教育决策者都面临着同样现实而迫切的问题，即应采用什么样的教育才能充分满足这一阶段学生的需求。

美国高中阶段的教育目标定位经历了一段十分复杂的过程。1918 年，美国研究中等教育的专家英格利斯（A. Inglis）在其《中等教育原理》一书中就提出了美国中等教育的三大目标。同年，全国教育协会吸收并扩展了英格利斯的目标思想，提出了中等教育的七大原则。

但是，从 20 世纪初全国教育协会成立的中等教育改组委员会确定的"中等教育的七大原则"，一直到 2001 年 10 月伍德罗·威尔逊（Woodrow Wilson）全国联谊基金会为当年的高中学生所确立的四大目标，两者之间的核心内容大体相同，并没有明显的差异，其核心都围绕培养具有完善人格的人才。

随着社会政治、经济等多个方面随着时间的迁移不断发生变化，美国一直没有停止对中学教育目标探寻的脚步。1944 年，美国教育政策委员会对 1918 年确立的中等教育的七大原则赋予了新的解释，精辟地论述道，教育就是要满足全体学生的各种需要，并把这些需要概括为：①所有学生都要培养具有市场价值的技能以及正确的理解力与态度，以确保他们成为有智慧的、富有贡献的劳动者，从而积极参与到经济生活中来，为此，他们需要工作的经验和在职业知识与技能方面接受教育。②所有学生都要理解民主社会里每一个公民的责任与义务，并且作为社区的成员和州与国家的公民在履行义务方面表现得积极和有能力。③所有学生都要理解家庭对个人和社会的重要性，以及有益于成功的家庭生活的条件。④所有学生都要知道如何聪明地购买和使用商品和服务，理解消费者得到的价值和他们经济行为的后果。⑤所有学生都要理解科学的方法、科学对人们生活的影响以及有关个人和世界本质的主要的科学的事实。⑥所有学生都要有能力利用好闲暇的时间，合理地进行预算，把握好让个人产生满足感的活动与对社会有益的活动之间的平衡。⑦所有学生都要培养起对他人的尊重，对道德价值观念和原则的理解，以及与他人共事、共处的品质。⑧所有学生都要培养理性思考、清楚表达和理解性地读与听的能力。

这一主张一经提出，批评家们的发难也接踵而至，认为这种万能的生活教育的理念不切实际。常识告诉人们，试图面面俱到的人往往处处落空。批评家们由此建议，学校应当放弃所有完美梦想而致力于其主要使命，即知识教育。

1961 年，美国教育政策委员会重新审视了其中等教育的立场，并宣布，尽管该委员会仍确信学校应当实施广泛的教育，但是其中心目的还在于教会学生独立思考。虽然中等学校实施知识教育这一目标的重要性对许多人来说是不言而喻的，但是在 20 世纪早期，如果要在中等教育的目标上更多地强调生活中的情感和交际等方面还是有很大的压力。正是在这样的背景下，1978 年，有学者为美国 80 年代的中等教育重新确立了道德责任感和符合伦理的行为、全球人类关心的问题、尊重环境、个人的能力与发展、家庭的凝聚力、公民的利益与参与、熟练的决断能力七大原则，可以看出这些原则包含了教育的知识、情感和社会等多个方面。但是，试图恢复教育基础的人士却把中等教育这新的七大原则中非传统性的方面当作花边予以抛弃。可以说，美国每一次的教育改革都在寻找三个维度间的平衡点，其失败的结果充分表明了是对这三者矫枉过正的结果。

二、美国普通高中教育的发展趋势

（一）加强与初中教育的联系

越来越多的大学正在通过与中学建立伙伴关系，达到促进中学教育质量的提高的目的，如为中学教师进修提供支持、派出师生参与中学的活动等，这一方式在一定程度上保证了接受大学教育学生的基础。20 世纪 90 年代中期开始，联邦政府一直以资助等方式推动两者之间的合作。

（二）进一步普及高中教育

使所有青年人都能接受两年以上的高中教育。在 20 世纪 70 年代末和 80 年代初，美国的高中教育已经进入普及化阶段。到了 90 年代，高中毕业生的高中教育升学率已达到 85％以上。但由于高中辍学率较高，毕业率一般在 80％左右，有相当部分的美国青年仍未能进入高校学习。1998 年，国会通过了美国高中教育改革法案，正式提出在所有青年中全面普及高中教育的目标。为此，一方面通过改革中小学教育来为学生接受高中教育做好准备，另一方面通过提供奖学金和贷学金等帮助解决接受高中教育的费用问题。

（三）加强专业教育

20 世纪 90 年代开始，美国高中教育对专业教育的重视日益提高，许多高中陆续将专业教育放到优先位置上。卡耐基基金会于 1997 年发表了《重塑本科教育》，在文中充分反映了美国当代社会和教育界对专业教育的关注和重视。自此以后，专业教育所占有的资源配置日益增多，通过让资深教师承担专业的教学任务，改善专业教学条件，来解决专业教育班级规模过大、教学质量差、毕业率偏低等问题，切实推进教育的发展。

（四）改革人才培养模式

这方面的改革自 20 世纪 90 年代以来一直在深化。主要表现为更新课程、学科之间的交叉、推进课程综合化、注意扩大专业口径、强调通识教育以及加强学生的社会实践和科研活动等。

（五）注重科技开发

美国大学在建构知识经济和信息社会方面的作用，正在通过人才培养和科技开发等途径表现出来。通过加强科技开发，创办科技成果转化中心或产业化基地，与企业和社区合作等途径，美国高校正在成为社会的核心组织。

（六）推进信息化

多媒体教学系统、交互教学网络、电脑实验模拟系统、电脑信息资料检索系统、电脑管理系统等信息技术成果的普遍运用以及电脑信息技术服务，不仅在一定程度上有助于降低成本，提高效率和质量，更重要的是塑造出新的教学模式和支持系统。这对美国高中教育的更新换代具有极为重要的意义。

三、美国高中教育趋向综合的学校类型

在美国，基本各个学校都实行了单轨的学校制度，虽然州是教育的主要负责机构，但大多数州都会将具体的责任委托给各个地方的学区，但是在修业年限的规定上，各州差异较大。在美国没有统一的学制，常见的中学学制主要包括以下五种：① 3-3 分段制。这种学制通常普遍实行于规模较大的学区，或是城市和经济较为发达的农村地区，是美国十分重要的学制。② 3-4 分段制和 4-4 分段制。这两种学制都充分考虑到了学生身心发挥的特点，是 20 世纪 60 年代后出现的新学制，并且在众多州流行开来，据统计，到目前为止已建有这种学制的学区占全国的 50%。③ 4 年一贯制和 6 年一贯制。这两种学制通常实行于较为偏僻的、经济欠发达的农村地区或是规模较小的学区。

美国一般将高中阶段的学校划分为四类，即职业或技术中学、综合中学、普通中学、选择性中学。

（一）职业或技术中学

在美国，职业或技术中学通常都是由私人企业开办的，很少由政府举办。职业或技术中学还可细分为园艺高中、机械高中、商业高中、工业高中、农业高中等。随着社会要求的提高，职业或技术高中对学生人文精神和科学素养的提高十分重视，逐渐加强了核心学术性课程的教育。

（二）综合中学

1. 职业科

职业科的主要目标是培养学生就业的知识与技能，一般情况下，实践课程占 8%，技术课程占 34%，普通课程占 58%。在所有学生中，修读学生通常占学生总数的 24%，该科的学生主要分为学习能力居于中等或偏下的学生，及具有明确就业倾向的学生两种类型。

根据其多年的统计资料可知，职业科的低收入家庭的学生多于富裕家庭的学生；少数民族学生多于其他民族学生；学业成绩低的学生多于学业成绩高的学生；女生数量远远多于男生等。

这种分科是学生自由选择的结果，属于一种动态的过程。需要注意的是，由于各科之间没有明确的界限，因此学生可以经常性地在其间流动。综合中学的教育内容通常以必修的核心课程和职业或技术方面的选修课程相结合的方式组成，这种学习内容有利于学生自主建构个性化的知识结构和能力模式，同时也促使学校创设了职业技术、普通学历和精英学术三种教育环境导向。

综合中学兼施普通教育和职业教育，承担着升学、就业和通识教育三项任务，是美国实施中等教育的主渠道，也是当今美国中学的主流模式。总的来说，就是让所有学生接受通识教育；让一部分具有深造前途的学生做好升入大学的准备；让大多数学生接受职业技术教育。

2. 学术科与普通科

①学术科的主要目标是为大学培养合格新生，课程比例为实践课程占 8%，普通课程占 92%。②普通科的主要目标是引导学生做社会良好的公民，让学生掌握必备的文明素养。其修读学生占学生总数的 33%，课程比例分配为实践课程占 25%，普通课程占 71%，技术课程占 4%。可以将普通科学生划分为两种类型，一是只希望读完中学，获得中学毕业证书，学习能力属于中等或偏下的学生；二是对职业课程不感兴趣，对未来学习没有明确的目标的学生。

（三）普通中学

普通中学的主要任务是为学生打好知识和技能的基础，为其升大学做准备，因此也被称为学术性中学。一般情况下，这类学校都会在 11 ～ 12 年级开设大学预科的课程，此期间获得的学分被大学承认。

（四）选择性中学

选择性学校出现于 20 世纪六七十年代，主要是为了实现和实践自己的教育理念，以及弥补公立中学办学质量的不足，如磁石学校、校中校以及 90 年代以来出现的"新型美国学校""特许学校"等，极大地拓宽了学生的选择范围。从培养目标上来看，选择性中学通常较为复杂，如有的偏重技能技巧，有的偏重职业准备，有的偏重学术，还有的学校以培养高雅的时代文明人为宗旨，追求情操的陶冶。这类学校通常都具有独特的办学理念和鲜明的办学目标，往往是应社会的需求而出现，或是作为公立学校的对立面而出现的。

1991 年 4 月 18 日，时任总统乔治·赫伯特·沃克·布什（George Herbert Walker Bush）在美国政府发表的《2000 年美国——教育改革战略》中，提请国会拨款 5.5 亿美元来创建新型学校，这类学校打破了现行学校的模式，在政府的支持下尝试了各种新方法，编制新教材，进行新型的教学。1996 年，几乎每个国会议员的选区都拥有一所这样的学校。

1996 年后，继任总统威廉·杰斐逊·克林顿（William Jefferson Clinton）继续实施"新型美国高中"的实验项目。该实验项目主要是针对美国高中教育中普遍存在的教学标准低下和学生素质偏低等问题而开展的。截至 2002 年，参与这种"新型美国高中"实验项目的学校达到了 55 所。这种新型美国高中致力于提高全体美国高中生的学业期望值，强调培养学生解决问题的能力和创造力的品质，实施该项目的各州都纷纷提高了课程标准和对学生的期望值，大力提高教育质量。新型美国高中实验项目继续增强其综合性的趋势，对初中阶段的职业学校进行普通化的改造，淡化高中阶段的普通教育和职业教育的界线，整合课程内容，突出综合性课程内容的教与学。新型美国高中是美国联邦教育部以实验项目为突破口，推动全美高中教育及课程改革的重大举措。美国联邦教育部实验项目负责人认为，"在美国这样一个教育由地方负责的国度里光靠行政命令或法律规定来推动教育工作还是不够的，而设计并启动一个实验项目以吸引和指导各地的学校参与不失为一种行之有效的策略"。

从 2000 年开始，为了减少学生的流失，美国多个州纷纷开始建立无间隙的教育体制，即从学前到 16 年级，实行综合一体化培养，极大地淡化学习阶段的界限，如俄勒冈州、佐治亚州、马里兰州等。一些州甚至把中学建在大学校园内，并将其称之为"学院中的中学"，以便于在中学学业和中学后教育之间建立更强的联系。在芝加哥、罗切斯特和纽约的一些学区业已开始实行更为弹性的中学学业计划，有 3 年的，也有 5 年的。

四、美国高中"必修＋选修＋计划"的课程设置

（一）必修课程

进入 21 世纪后，美国对高中核心课程进行了进一步的完善，如社会研究的学年为 4 年，设 4 学分，主要内容包括经济及公民身份、美国历史和政府、世界历史和地理等；科学的学年为 3 年，设 3 学分，主要内容包括地球科学、生物、化学、物理等；数学的学年为 3 年或 4 年，设 4 学分，主要内容包括微积分、统计学、代数、几何等；英语的学年为 4 年，设 4 学分，主要内容包括推理、交流、逻辑、文学、写作等。

美国的高中通常为 4 年制，包括 9、10、11、12 四个年级。2010 年，由全美州长协会（NGA）以及州教育官员理事会（CCSSO）联合起草的"K-12 共同核心课程标准"得到了美国大多数州的支持，为了推进国家课程标准的制定，这些州纷纷将这一标准与国家标准相结合。

（二）多元的选修课程

为了满足学生各种兴趣的需要，给未来学习、就业和生活做准备、打基础，各州、各学区的学校都开设了难度系数不同、内容迥异的选修课程，选修课程多种多样，州、学区学校的选修课程比例不尽相同，有的仅占 10%，有的则高达 50%，一般占全部课程的 30%，据统计，美国高中开设的选修课多达 200 多门，分 3 种类型：学术型课程、职业型课程、生活型课程，涉及电信、秘书、制造、维修、运输、工农业、驾驶、外语、经济、法律、家政、航海，只要是学生想选的课程，学校都会考虑满足学生的选课需求，学生可以根据兴趣爱好选择工、农、商、艺、科技等多种课程，众多选修课中最有特色的是美国政府为鼓励更多高中学生和提供更高水平教育而制定的学术课程。这些课程与大学课程有一定程度的联系，包括 AP 课程、IB 课程、DE 课程等。

1.AP 课程

AP 课程也叫"大学先修或预修课程"，始于 20 世纪 50 年代，适用于 3 年级和 4 年级的高中生，旨在为高中学生提供高水平的学术成就。美国先修课程的设置，主要由美国大学理事会下设的先修课程编制委员会负责，由于学科较多，该委员会成员通常会分为几个由 6～8 名课程成员组成的小组，负责不同学科的课程开发。一般情况下啊，在这一小组中一半是来自大学所有学科的顶尖教授，一半是高中的顶级精英教师，并且每个团队都还配备了两名经验丰富

的 AP 专家来指导编制。

美国大学理事会公开的必修课程主要包括 23 个学科的 38 门课程，其中自然与实验科学（物理学、生物学、化学）和人文社会科学（历史学、政治学、语言学）等学科，学生可根据学校规定和自身能力选修一门或多门课程，每个科目课程学习一年。AP 课程考试等级分为 5 个等级（即 5 分到 1 分，3 分合格），如果 AP 课程考试成绩好则可以直接申请大学学分。对于要考大学的美国高中生而言，参加 AP 课程并考试被大学录取的可能性更高，同时还能获得本校高额的奖学金和学分。目前，美国 60% 的公立高中和私立高中提供 AP 课程，全世界 40 多个国家的 3600 多所大学认可其学分，并作为招生录取学生的重要参考之一，越来越多的高中提供大学预科课程，根据美国大学理事会的最新数据，美国公立高中毕业生几乎都参加过至少一次大学预科考试。

2.IB 课程

IB 课程也称"国际大学预科证书课程"，始于 20 世纪 60 年代，由国际文凭组织创设，在其课程体系中，针对高中生的大学预科项目影响最大，发展最为成熟，它主要面向的是想进入大学学习的高中三、四年级学生，是 2 年制预科课程，国际文凭课程涵盖 6 个学科领域：第一语言（母语），第二语言，人文科学和社会科目（包括地理、哲学、历史、经济学和心理学），自然实验科学（包括化学、环境工程、物理和生物学），数学（初级数学、中级数学及高级数学），艺术选修课（包括戏剧艺术、音乐和艺术设计等），每一门课程分为标准课程和高级课程，学生必须在每个子类别中选修一门课程，其中三门必须为高级课程。学生通过六门课程考试合格后即可取得英国大学及大多数其他国家大学承认的 IB 国际文凭。IB 课程在创立推广初期并不受学校的认可，可后来却在美国发展得如火如荼。这是因为 IB 课程的设立顺了美国当时 1983 年《国家处在危险之中：教育改革势在必行》的浪潮，为美国公立高中教育质量的发展提供了机会。相对课程的学习安排来说，AP 课程更灵活，可以在不同的学校学习不同的科目；IB 课程是一门完整的课程，需要在一所学校学习两年的课程内容，两种课程是共生存在的关系。

3.DE 课程

DE 课程又叫"双元学分课程"，学生可以在高中或大学社区技术学院学习，学习获得的学分，既可满足高中毕业的学术要求，也可获得大学课程学分，进入大学后可以免修相关课程。因此，DE 课程也被称为"双赢计划"，其教学形式主要有三种，一是由高中教师讲授，大学或社区学院负责课程设置和评估；

二是由大学或社区学院教师授课；三是大学通过卫星网络为高中学生提供远程学习，双学分课程在各州实施时具有很大的差异，但是课程类型主要有三种：一是学术及基础科学，如英语、数学、心理学、美国历史及社会学等；二是技术性课程，如计算机信息系统学、机械学和网络技术等；三是职业课程，如汽车自动化等。DE 课程的设置可以提前让高中学生感受到大学课程的水准，为高中生升学打下心理基础，同时也为没有升学计划的学生提供了学习的机会，利于就业。

（三）教育计划

以活动或项目的形式出现的教育计划是美国高中开设的另一部分课程，其主要任务是促进和发展学生的个性化体验，以及关注和培养学生的情意性品质，许多专家和学者将这一活动或项目称为情意课程或活动课程。学校为这类教育计划和项目专门规划出一部分时间，这些计划所涉及的学科知识十分广泛，且实践性和综合性都较强，常常是跨学科的。一般情况下，这类课程领域需要兼容学生的创新精神的培养、创造力的发挥、探索发现、建构式认知、综合活动实践、研究性学习等多种功能。在研究课题的过程中，学生可以在教师提供的诸多选择中自主选择项目，也可以自己设定；在课题探索的过程中，学生既可以选择由指导教师提供支架式帮助，也可以完全独立探索。

美国高中阶段的学分制度也可以对研究计划或项目完成的质量进行管理，并且大学的录取也将其作为一个重要的参考指标。学生通过参与这些计划与项目不仅可以培养和提高创新素质和创造性能力，还可以充分体验个性化认知和研究性学习的无穷魅力。

在美国教育内容中，学生的课外活动是十分重要的组成部分。美国高中生的课外活动具有多样性的特征，可以将其划分为四类，即社区活动、体育活动、学术性活动和娱乐性活动。其中，体育类活动主要包括拉拉队、体操队、运动校队等；学术性活动主要包括电脑、辩论、写作、自然科学、数学等学生社团；娱乐性活动主要包括少年企业家社、未来农民社、话剧社、合唱团、桥牌社、摄影社、乐队、舞蹈队等。在美国，各个高中都将课外互动当作帮助学生适应社会人生的重要措施和增长才干的重要途径，因此无论哪种课外活动都配有专门的辅导老师，并通过考核等方式，分析学生的人际关系、竞争心理等。

在 20 世纪 90 年代以前，美国高中的选修课程大概要占全部课程的 50％以上，必修课程所占比例不到一半。美国教育目标委员会认为美国高中生的学业成就水平明显低于世界上许多国家的同年级学生的一个很重要的原因，就是必修课程的重要地位没有突出出来，特别是必修课程严格的学术性标准没有得到统一和规范。所以从90年代以后，随着新课程运动的广泛推行，政府明显地增大必修课程的比例。比如，现在美国的四年制高中基本上都要求学生毕业前学习四年英语、三年数学、三年社会研究、两年外国语、两年体育与健康、半年计算机科学以及半年音乐和艺术，借此强化必修课程。与其他国家的同龄学生相比，美国注重存量知识掌握的中小学阶段，常常会显得美国学生成就平平，但在进入社会之后的独立岗位上从事创造性的工作时，往往会因创造性素质的厚积而薄发。

第二节　英国普通高中教育的发展

一、英国教育发展历程

《1944年教育法》是英国建立当代教育的主要依据，主要是由独立学校系统和公共教育制度两个系统组成，独立学校包括幼儿园、预备学校和公学；公共教育制度由初等、中等和继续教育组成，两者互不干预，各自独立。在管理上，中央和地方教育行政机关保持着一种伙伴关系，双方的权力平衡在不断变化，地方正逐渐失去它的领导力。在地方这个层次上，教育行政机关属于地方议会，它除了教育外，还有其他许多责任。

（一）教育管理体制

1. 中央政府

在英格兰，中央政府负责教育和培训的部门是教育和就业部，它负责管理全国所有中小学教育、继续教育、高等教育以及青年和成人的职前和职业培训。在实际运作中，国家的其他部门和地方团体分担着很多的责任。英国国家教育和就业部也负责管理威尔士的一些教育机构。

像所有的政府部门一样，教育和就业部大臣是双重身份，他们既是被选举的政要，同时也是公务员，他们的职位不会因政府的变化而改变。他们既是内阁（部长），又是教育和就业部的大臣，并下设其他人员辅助他们工作，分管不同的领域，如有的负责教师工作（如教师工资待遇、教师的培训、教师的资格、教师提供和评估表彰等），教育和就业部的民众服务部是国家层次的执行机构，其中有七位董事会成员，三位直接负责教育，他们分别负责普通教育（学校的组织、经费、课程、教师、标准和绩效以及教育议案等）；继续教育、高等教育和青年培训（高等教育和学生支持、资格和就业标准、继续教育、16 至 19 岁青年的教育和培训政策）；就业和终身教育（就业政策、平等机会、就业和终身教育等）。

另外，有十个区域性政府办公室，负责该地区对中央计划和政策的实施。在威尔士，教育部负责教育事业，而培训部负责培训。皇家首席督导办公室是独立于教育部而存在的。

2. 地方政府

在英格兰，地方政府非常复杂。在有些地方是单一的权力机构，每一机构实施所在地区所有的教育管理职能。在另外一些地方，又有多层权力机构，分担着政府的管理职能，在管理上，有 150 个地方教育行政机关。在威尔士，有 22 个地方教育当局，其数目与地方权力机关相对应。

在英格兰和威尔士地方教育当局是地方权力部门的组成部分，它们有着更加广泛的职责。反映了中央政府选举议员和任命教育官员双重结构，他们通过教育委员会实施功能。在大多数地方教育委员会中下设几个分委员会，分管财政、普通教育、继续教育等。

传统上，在英格兰和威尔士，中央和地方政府共同管理国家教育，中央负责总政策，而地方则负责实施。但在 20 世纪八九十年代，教育的许多职责已经或正从地方手中转移到中央或政府任命的团体手中（准自治非政府组织），或转移到独立学校和学院董事会手中。

现在，学校的大多数课程以及评价是由政府部长决定，资格和课程权力机构提供意见，该机构的成员均由大臣任命，宗教教育均由地方决定，政府拨款学校大多数仍由地方教育当局提供经费，但它对学校的影响和管理却很少。地方教育当局分配给每所学校经费的数量必须依据标准方案，并获得中央政府批准。必须以学校的学生数作为主要依据。教科书、仪器设备、建筑标准以及教师工资等经费的分配由每个独立学校的董事会决定。

在高等教育中，大学也独立于地方权力机构，但在 20 世纪八九十年代，多科技术学院和其他的高等教育机构以及继续教育机构是由地方教育权力机构控制的。现在，多科技术学院已经升格为大学，而大学、高等教育中的学院以及大部分的教育学院是自治团体，经费是政府通过高等教育拨款委员会和继续教育拨款委员会提供的。中央政府、地方教育当局、校长、学校董事会成员以及家长分别有不同的权力和职责。

3. 郡和私立学校

英国《1944 年教育法》建立了一个统一教育框架，它把教会学校收归国家控制之下，把它们转变为拨款学校，但同时也给它们留有很大程度的自主权，如教会资助学校经费的多少仍保持原来状况。这种制度一直持续到《1998 年学校标准和结构法》颁布，从 2000 年开始，由新的结构体系取代了原有的框架，尽管两者之间有很多相似之处。

地方教育当局是根据《1944 年教育法》创立自己的新学校，它们被称作郡学校。教会建立的学校变成"私立学校"，它有三种类型，即资助性、控制性和特殊协议性，三者的区别主要是依地方教育当局支持和控制的程度而定。资助性学校是自己负责校舍设备和部分的维修费用；控制性学校是自己负责校舍设备，而地方教育当局负担所有的维护费。但在《1988 年教育改革法》颁布前，校董事会控制学校的宗教教育；特殊协议学校数量很少，全国只有 77 所，其中大部分是罗马天主教主办的。它们是 1936 年在政府的资助下兴办起来的，当时政府对新办的中等学校承担 50％～ 70％的费用。除了上面所提到的，根据《1988 年教育改革法》又建立了新型的学校，即国家直接拨款学校。国家直接拨款学校在英格兰和威尔士 1995—1996 年超过 1100 所，绝大多数的国家直接拨款学校是由过去的地方教育当局资助和管理的学校转变而来。它们选择放弃与地方政府当局的关系，而直接接受中央政府的资助，并拥有自己的财产权和人事权。《1993 年教育法》对建立这样的学校作了进一步的说明。政府拨款学校遵从国家课程和相关的考试，同时也接受"教育标准办公室"的监督，没有国家教育大臣的许可，不能改变学校的性质（从综合性变成选择性）。

（二）英国高中教育的年限分析

当前，学生初中毕业后，即参加完 16 岁的中等教育证书考试后，大约有 70％的人选择进入高中，还有一部分学生进入国家主办的短期培训机构，其余的学生则选择直接进入社会就业。高中的教育年限主体是两年，也有一年和三年的。只接受一年高中教育的学生因为教育年限过短准备不足而往往不会参加大学入学考试，至于在高中待上三年的学生，一般是那些想升入名牌大学的尖子生，他们想通过延长高中教育年限来巩固和提高自己的成绩，可以抽出时间参加一些申请大学所必需的社会实践，从而达到名牌大学的要求。

二、英国高中规模的发展

英国高中教育规模的历史嬗变有两条脉络分明的主线，一是高中教育价值核心从精英化转向大众化；二是高中教育类型从单一走向多样。英国普通高中与职业高中之间的关系十分密切，但存在着本质的区别，两者的发展与嬗变和高中教育类型相辅相成。

从 20 世纪 60 年代初到 70 年代末，是英国高中教育的大发展阶段，这种发展主要表现在三个方面，一是高中教育阶段的学校类型呈现多样化趋势；二是课程得以拓展；三是入学门槛放低。

（一）高中教育的大发展阶段

英国高中教育规模到了"二战"后初期，得到了小规模的发展，但分布十分不均匀。在英国高中教育从精英化走向大众化的过程中，中学的发展与变革具有十分重要的意义。高中教育随着文法中学的发展得到了一定的进步，极大地增加了高中阶段的入学人数，即文法中学的第六学级。20 世纪 60 年代，第六学级的主体随着综合中学的发展，开始转向综合中学。应该不分综合中学纷纷着手对第六学级的入学政策进行改革，开始实施开放入学政策，打破了学生进入第六学级的严格考试限制。1968 年，英格兰实施开放入学政策的综合中学比例达到了 68%，1974 年，这一数字则增加到了 71%。

需要注意的是，由于实施开放入学政策的学校日益增多，导致学生素质变得参差不齐，如学习能力较差，基础知识水平较弱的学生无法跟上高中学术取向明显的课程进度。这就要求应该高中教育必须不断拓展课程，满足这部分学生的实际需要，拓展后的课程大致分为三部分：①延长打算进入名牌大学、成绩突出、获得高额奖学金学生的学习生涯，即由两年延长到三年，并为这部分学生开设专门的学习课程，充分体现出其精英式教育的特征。②为想要获得普通教育证书的学生设置的课程，主要包括社会学、工程制图、历史、数学、家政、音乐、物理、化学、德语、法语、生物、英语、地理、美术等多个方面。③为那些未取得普通中等教育证书的学生准备的课程，先进行普通中等教育证书的相关课程补习，取得证书后，开始学习学术类高级水平的普通教育证书课程，或者高级补充水平的普通教育证书课程。

（二）高中教育的稳定发展阶段

英国高中教育的稳定发展极端是从 20 世纪 80 年代开始的。1985—1994 年，高中在校生数有一个较为明显的增长，从 1994 年至今，则趋于平稳。受 1985

年英国政府发表《20世纪90年代英国高中教育的发展》绿皮书的影响，其入学观念逐渐转变，即从"谁有资格谁入学"转向"谁能受益谁入学"。这一举动导致高中教育产生了严重的收缩，1985—1988年，在校生的百分比仅仅提高了3%。1987年，英国政府发表的《高中教育迎接新的挑战》白皮书，对罗宾斯原则进行了一定的修改，修改后的新原则充分考虑了提高年轻女性和超龄学生的就学率、国家对高学历合格人才的需求增加等问题。

1988年，英国政府又颁布了《教育改革法》，对义务教育和中等教育的管理与约束，以及如何提高教育质量做出了进一步的规范。1988—1994年，全日制高中生的比例激增了21.4个百分点。

三、英国高中教育规模发展所引发的思考

（一）高中阶段职业教育与普通教育的校内分轨制

与我国的职业高中和普通高中相比，英语的高中并没有十分明显的区分。在其历史发展的过程中，形成了一种以综合中学校内分轨为主，以城市技术学院等继续教育机构的职业与普通高中制度为辅的格局。根据《1944年教育法》的划分，主要包括：①文法中学，具有学术性强的特点，其主要目标是为高等学校输送学生；②技术中学和现代中学，这两类都是以实施职业技术教育为主。

1964年，英国政府在全国推广升学教育和就业教育的综合中学，从而解决了中等教育的分轨问题，实现了教育的民主化。同时，于1965年10月发出公告，将这三类学校改组为综合中学。1976年，《综合中学设置促进法》的颁布极大地促进了综合中学的发展，但是却导致了技术中心和现代中心的收缩。根据相关资料可知，到1989年为止，技术中学和现代中学占全部公立学校就读学生的比例为1%左右，而综合中学则占据了85.7%。

20世纪80年代以后，由于中等职业技术教育萎缩，从而导致熟练工出现严重短缺现象，这一问题也引起了当时英国政府和工商界人士的关注，为了尽快恢复英国经济的发展，纷纷开始对60年代的综合中学运动进行反思。英国教育界的学者认为普通中学、职业中学、综合高中的结合虽然代替了校际分轨的教育机构，但并没有消除《1944年教育法》确立三轨制的弊端。为了改变这种平庸和低质量的现状，英国政府进行了以下改革。

1. 确立专门职业教育学院

1988年，英国政府颁布的《教育法》中提出了建立"城市技术学院"，以

求培养实用技术型人才，加强中学阶段的职业技术教育。职业教育学院的本质是"技术中学"，它主要为 11 ～ 18 岁年龄段的学生提供教育，是由企业和国家共同投资的，即我国的中等专科学校。与传统的技术中学相比，无论是课程设置、管理方式，还是办学模式方面都更注重与企业的结合。

2. 对课程进行改革

20 世纪 90 年代初，英国高中陆续推出了连接职业、普通课程的"普通国家职业资格"中介性课程，以及作为职业课程的"国家职业资格"课程，使高中生在中学阶段的转换有了更多的选择。

2000 年，英国高中在课程管理改革方面进一步将学生的职业与普通课程学习相结合作为主要目标，废除了传统的普通教育职业证书（GNVQ），规定采用新的职业教育证书（VCE）。新的职业教育证书主要分为三个水平，即双重授予、高级补充和高级，其内容可以划分为 12 个单元，一般情况下，高中生完成 3 个单元为普通教育证书高级水平（GCEA Level）校外考试相当于完成 6 个单元的 VCE 课程考试；而 12 个单元的 VCE 课程考试则相当于 6 个单元的 GCEA Level 校外考试。除此之外，英国还改变了普通教育职业资格证书课程的单元数，为了保证其分量，将其改为了六个单元。

目前，校内的分轨制这种依据学生的选择而区分的课程分化制，也是应该职业高中和普通高中的主体，一般情况下，多用于城市技术学院等专门的职业类高中，需要注意的是，这类学校所占比例较小。选择职业类课程的学生可以根据自身的实际情况、兴趣爱好等，通过参加各类考试取得职业资格证书，而选择学术类课程的学生则可以专心为升入大学打好基础。

（二）各级教育发展的阶段性和理性选择

从英国高中教育的发展历史中可以看出，无论是高中教育的发展，还是义务教育的发展都有着各自明显的阶段性特征，同时这些特征也充分体现了英国政府对教育发展的理性选择。

英国大力发展义务教育是在 1870 年建立公立教育体系之后，随着综合中学的发展，英国政府逐渐将高中教育大众化。到了 20 世纪 60 年代后，高中教育在规模上得到迅猛的发展，进入 70 年代，各级教育大多以教育质量为主要发展核心，拒绝盲目扩大规模。

第三节　德国普通高中教育的发展

一、德国普通高中的基本结构

（一）德国普通高中阶段的学校类型

从结构原则上来看，德国普通高中阶段具有单一性的特征，导致形成这一特征的主要原因是由中学高级阶段完全承担这一阶段的教育。需要注意的是，这一阶段遗留下来的实验性学校，如巴伐利亚州的大学预科、比勒费尔德的扩类中学以及私立的瓦尔多夫学校高级阶段和综合中学高级阶段，也可以将其翻译为"综合高中"，这类学校是可以授予职业资格和大学入学资格双重证书的。除了扩类中学外，其他三类学校与中学高级阶段的性质相同。

德国的完全中学高级阶段大体上包括第 11 ～ 13 学级，与我国的普通高中大抵相当。需要注意的是，我国普通高中的学级通常为 10 ～ 12 学级，因此德国的完全中学高级阶段高出我国高中一个年级，这一问题导致德国认为我国高中毕业生的知识、能力水平无法达到标准，只承认我国名牌大学一年级学生，或是大学二年级生才具备读德国大学的资格。近年来由于我国有关部门与德国有关部门的对话，以及两国学术界对两国高中学业成绩的合作研究成果等，德国已经在某种程度上降低了原来对我国高中毕业生升读德国大学的要求。

这里要说明的是，目前德国 16 个州，绝大多数完全中学高级阶段包括第 11 ～ 13 学级，但也有些州在进行缩短学制的试验，如巴登 - 符腾堡和萨克森等一些州试验性地设立了学制为 8 年的完全中学，学生从基础学校至完全中学毕业，学习年限共为 12 年，高中阶段则只包括第 11 ～ 12 学级。

20 世纪 70 年代，联邦德国完全中学高级阶段改革以前，可以将其划分为多种类型，如技术、艺术、古典语、现代语、社会、经济、数学、自然科学等20 多种完全中学。多样化的学校类型为学生提供了更多的选择，使具有不同倾向的学生都能找到能满足需求的学校，寻找到适合自身发展的学习机会。

改革后，完全中学高级阶段可供选择的、灵活的课程设置最大限度地满足了学生个性化、多样化的需求，这也使德国完全中学高级阶段实现了整合。但是，由于德国实行高度各州自治的文化教育政策，导致各个州无论是教学观念，还是学制方面都存在着一定的差异，只有极少数保留了完全中学高级阶段的学校类型，如巴伐利亚州保留了艺术、社会、古典语、现代语等 6 种完全中学。

而大部分完全中学都增设了具有职业性的专业课程，如柏林的完全中学设有社会学专业；营养和家政专业；理化生专业；房管、交通、法律、贸易等经济管理专业；能源技术和信息技术等电子技术专业。

（二）普通高中教育概况

在教育方面，德国主要以地方分权的联邦主义为主，各州在文化教育领域包括私立学校，都享有充分的自主权，处于州的监督之下。这种监督主要包括两个方面，一方面是对明确教育途径、教学目的和教材等方面的监督，另一方面是对整个学校教育事业的领导和督导的权利、义务以及整个学校教育事业的组织、规划的监督。而德国政府的主要任务是通过各类协调机构，不断调整、加强各州在文化教育领域方面的合作。

获得高等学校入学资格应是学生在高中阶段获得社会能力、接受学术性基础教育和普通教育的首要条件。对于高校学习和就业而言，高中阶段获得的基本能力具有十分重要的意义，不仅仅是德语、数学、外语教育获得，还包括各种实际应用能力，如数学模型和数学系统的构建能力、外语交往能力、语言表达能力等。高中阶段的学习是构筑长期的学习能力，而不是为了获得短期的学习成就，这就要求学校鼓励自主独立的教与学，师生必须不断创设充分的、学与教的情境，从而提高学生学习的自我控制力。高中阶段的学习应以培养学生的批判与反思能力、综合与分析思维能力等为主。

综上所述，德国在长期的教育实践中，对完全中学高中阶段的培养目标进行了一定的调整，不仅要为学生今后接受高水平的职业教育做准备，还要拓展学生获得普通高等院校入学资格证的途径。德国对高中阶段课程的组织形态、方法和内容等方面进行了改革，从而保证向高等院校或职业的过渡更具动态性，以及保证普通高等院校入学资格证的质量。

二、德国普通高中教育的大众化

到了20世纪50年代末，德国的经济增长率开始下降，到了60年代中期最为明显。随着世界科学技术的飞速发展，德国的教育学专家和学者纷纷意识到发展教育、改革教育的重要性，对经济高速发展背景下德国教育发展提出了批评和改革建议，如《西德学校教育的危机》《教育与政策》等。

19世纪，德国依靠对中小学和大学的扩建，使其在强大的文化国家中崛起，到第一次世界大战为止，德国的工业发展、经济繁荣和统治地位，依然建立在其具有世界声誉的科学成绩以及现代化的学校体系的基础上。哈特穆特·皮希特（Hartmut Picht）的文章在德国引起了极大反响，他提出了发展教育的重要性与紧迫性。由于德国一直以来都主张实行义务教育，其初等教育与初中教育已经得到了普及，因此以普通高中教育为首的义务教育后的教育成为了国家和社会的重点关注对象。

1965 年，德国政府任命了五位教授为"专家委员"，并组成专家小组对国家整个经济的发展提出了权威性的意见书，他们在意见书中对教育与经济发展的关系问题作了总结性的阐述。他们认为德国的职业结构在发生变化，高科学技术在生产部门的应用、新生产方法的引进等使职业部门对人才培训的要求不断提高，这就要求教育部门必须不断提高教育水平，完善和调整教育组织结构。

在专家委员会的意见发表后，引发了教育界的学者对相关问题展开进一步研究的热潮，如以经济学家的预测方法为基础，先测定已存的劳动力需求状况，然后判断社会劳动生率增长的可能性和生产增长速度，最后对劳动力需求进行预测。

有一部分学者进行了国际比较研究，他们认为德国与许多工业国家相比，其高中毕业生与大学毕业生占同龄青年比重较少，而导致这一现象出现的主要原因是德国对传统三轨制结构的固守。皮希特（Picht）在其《德国教育的灾难》中明确指出了德国高级中学毕业生落后于其他国家的实际情况。

德国社会学家达伦多夫（Ralf G. Dahrendorf）于 1965 年发表了《教育是公民的权利》，从解决社会问题、教育公平的角度着重分析了进行教育改革，发展教育的重要性，要求实施"积极的教育政策"。同时，达伦多夫对教育方面受歧视的人进行了研究，这类学生主要包括天主教徒、女生、农村儿童、工人子女四类，为此他强调积极教育政策必须以扩大公民的实际权利为自由体制的现代社会为动机，其主要原因是为学生寻找继续教育机会的人们日益增多。

发展教育，特别是发展普通高中教育的主张是德国教育界的专家、学者从挖掘有才能青少年潜力的角度提出来的，他们着重对环境影响问题和智力的遗传问题进行了更深入的研究。

德国教育审议会于 1968 年发表了《才能与学习》，根据书中的相关引述可知，德国教育审议会认为遗传和环境两方面因素共同影响、决定了人的智力。此书发表后，许多学者陆续提出智力具有很大的可塑性，是可以促进的，并通过长期的研究证实了智力与人的环境影响、与人所受的早期教育，以及学习条件具有十分密切的关系。因此，许多学者在这一观点基础上主张大力发展学前教育，从而促进缺乏良好学习条件学生的学习，弥补他们与条件良好学生之间的差距。

这部分专家对 20 世纪 60 年代以前，关于三类型智力青少年的说法进行了反驳，同时批判了主张改革三轨制学校体系，以之为基础企图维持三轨制的思想，提倡允许学生根据其学习能力和成绩的变化进行转学，进入更能发挥其潜力的学校。综合中学是德国教育界认为能够解决这些问题的关键学校类型，它实现了三轨综合，方便了学生转入其他轨中学习，从而使更多的青少年至少试读普通高中教育的课程、有机会学习普通高中教育的课程。

1967 年，大学生运动爆发。大学生们纷纷要求在各级教育系统中实行民主参与，提倡民主的教育，主张取消教育领域中的特权，并在此基础上提出了课程改革与教学计划改革的要求。

第四节　法国普通高中教育的发展

一、法国普通高中的课程价值导向

（一）知识和能力的共同基石

法国国家教学大纲委员会认为各个学科应在学生身上获得统一，因此应以"知识和能力和谐的共同基石"这一共和国理想为基础，在尊重各个学科逻辑的前提下，尽可能保持各个学科间的和谐。

在法国国民教育部发布的《为了 21 世纪的高中》中，明确了高中阶段教育的主要任务，即不论学生是否在某个领域获得过成功，也不论学生的社会出身，让所有的学生都能在教育专业中掌握进入社会的技能，以及基本知识。

除此之外，该文件还指出高中教育的内容不仅要为学生获得基本的知识和概念整体出力，还要促进其向某一学科或职业方向逐步专业化，保证学生在成人、进入社会后，能够依靠这些知识和概念胜任具有洞察力的、警醒的、负责的、批判的公民角色。它还强调了对学生正确的学习态度的培养，指出任何学科知识的获取都应该培养学生努力的观念、纯粹追求知识获得的态度、对真理的忠贞追求和对他人观点的尊重。文件同时指出，任何教育都应该促进学生独立获取知识的能力，激发其想象力，培养其学习的兴趣和好奇心。

教育学家菲利普·梅里厄（Philippe Meirieu）于 1998 年发表了《在高中教授什么》的调查报告，他认为应以高中毕业目标的形式表现出共同文化的特征，并使其成为各类高中的唯一参照，也是这一报告最先提出了"共同文化"的概念。共同文化主要包括获得社会生活一般要求的技术能力、民主社会所需要的基本素质、可以进行高等教育的方法能力、理解世界以及具备公民资格等方面。共同文化是学生必须具备的技能和文化知识，体现在高中所教授的所有学科中，在每一个获取步骤中都应实现其文化遗产性和工具性两个维度的结合。

（二）寻求教学视角的多样化

在这场面向 21 世纪进行的普通高中课程改革中，学生学习的组织问题是法国政府着重解决的重要问题之一。在解决这一问题的过程中，法国政府始终坚持通过采纳多种教学视角来让学生不断获得知识的基本原则，保证学生才能得到发展的关键不在于减少给学生授课的时间。

为了让机会平等的理念真正投入到实际的运作状态中，法国政府不仅为学生提供了多种多样的帮助，还试图通过精心构建的教学大纲进行帮助。政府认为教师根据冗长不堪的教学大纲在课堂中机械地讲课，学生是无法内化其所学的知识的，这种教学方式缺乏教师与学生之间的互动。长此以往，知识水平较高、学习能力较强的学生无法进行深入学习，而知识水平较差的学生则十分容易陷入失败的漩涡。从教师的角度来看，一个人的时间和精力是有限的，当沉重的教学大纲占用教师大部分时间后，教师则不会再有其他精力进行教学革新实践。这些现象都将导致对教学大纲的研究仅涉及其表面，而无法深入研究其丰富的内涵，因此法国政府采用一种高质量、高要求的教育来代替教学大纲，而这种教育以强化的教学配套措施为前提，从而最大程度地帮助学生。

《为了 21 世纪的高中》中，对教育所要采用的相关措施也做了简单介绍，主要包括物质资料配备、班级组织和课程类型三种教学配套方式。其中，课程类型不仅包括当前高中已经具备的所有模块课程，还专门为高一年级部分知识基础较差的学生设立的"个体化帮助"课程，并且对于高二、高三年级还设立了针对学生集体或个人探讨的"框架性个人研究"课程。除了通常的班级教学之外，以小组形式进行的学习活动将有所增加。

除此之外，由于信息和交流的新技术是提高教育质量的重要方面，因此这一文件特别强调了学生对新技术的掌握程度，提出了学校应尽可能向更多的学生开放计算机中心、信息资料中心等校园资源中心，这就要求学校必须重视资料管理员这一岗位。法国普通高中的新技术教育主要包括两个方面，一方面是可以要求学生在某些课程中系统地学习和使用计算机，另一方面是所有的学科教育都应该借助于对新技术的理解和使用。

（三）寻找教学内容的合理性

法国国家教学大纲委员会认为，学校应该与社会保持一定的距离，因此必须对法国的中小学课程进行改革，其本质相对于校外文化而言，教学内容丧失了其权威性。从学校的职能方面来看，其职能在于向所有人传递一种深思熟虑的共同文化，引导其以一种批判态度面对社会。但是，法国的学校从20世纪60年代开始便一直处于危机之中，如1968年促使个人主义迅速发展的"五月风暴"，推翻了以往的学校课程的专制性。

长期以来，两对表面上相互冲突的教育价值观是法国社会在教育方面争论的关键，即是教学还是教育，是传统还是现代。许多学者认为，这一冲突直接构成了法国教育中的二律背反。

从教学和教育之间的矛盾来看，崇尚"教学"的价值观认为教育体制存在的主要意义是为了传授知识和能力，这种观念十分强调统一，如国家教学大纲主要表现了某种超越个人的义务规范和要求；崇尚"教育"的价值观则认为教育体制应该致力于个体人格的绽放，认为人人有保持差异的权利，寻求一种"个体的真实性"强调每个人都应该成为独特的个体。

从18世纪以来，传统与现代这一对矛盾始终影响着法国学校教育。主张现代的一派认为应该提倡促进个体自治，注重自治文化，发展其针对任何传统形式的批判能力，同时还应反对权威；而主张传统的一派则重视"记忆性知识"的传递，提倡重视文化遗产。

对于所谓的二律背反，国家教学大纲委员会认为其实是不存在的，个性的发展和知识传递应该是互为补充的，如只有在汲取记忆知识的基础上，民主理想所提倡的自治才会有具体的意义。因此，简单地向历史回归，是无法重塑学校课程权威的，其主要原因是必须要找到课程存在的合理性，而权威性并不能等同于专制性。因此，国家教学大纲委员会认为，合理组织学校课程应该以意义、以学生和知识之间的关系作为依据。

为学生提供有助于其融入社会的充足知识，以及培养青年人成为一个开放的、不定的、流动的社会行动者是学校最为核心的任务。从这一角度出发，法国普通高中的重要使命是让学生获得与目前状况相关的知识，帮助学生理解现实，如技术、理科、数学、语言等。

二、法国普通高中的结构和课程设置特点

（一）普通高中各专业的教育特点

以纵向的角度来看待法国高中教育，可以将其划分为两个阶段，即决定阶段和终结阶段。以普通教育为例，一般情况下，高一年级是不分具体专业的；高二年级开始，学生需要根据自身的实际情况进行专业定向，并且分别进入理科专业、经济和社会专业以及文学专业。提高各个学程的可读性、重新平衡不同专业是面向新世纪的普通高中课程改革的重要目标之一。

1. 理科专业

《为了 21 世纪的高中》改革文件指出，需要重点解决理科教育相关专业的许多问题。例如，如何在观察和建立模型之间找到良好平衡、如何构建计算机时代的数学教育、如何把握知识的增长、如何构建一种不掩盖科学历史的科学文化、如何消除那些比较传统的学科等。

2. 经济和社会专业

经济和社会专业重点突出了从多学科的角度来研究重大的社会主题，这一专业注重经济视角、人口视角、社会视角、历史视角、地理视角等方面的互补性。在这一框架中，从全局或地区的角度分析、陈述了世界化过程的社会侧面、经济侧面以及政治侧面。

3. 文学专业

文学专业满足了喜爱艺术、语言、文学、人文等学科学生的需求，因此法国普通高中在改革过程中对文学专业进行了重新定义，同时法国政府首次确认通过文学学习是可以获得学业的卓越。当学生升入高二年级之后，选择文学专业的学生可以学习新近设立的现代文学、现代语言、古典文学等课程。

除此之外，《为了 21 世纪的高中》改革文件还提出了学校应借助购买书籍、资金援助等各种手段引导和培养学生的阅读和写作能力，并且还要指导学生撰写文学研究论文，提高学生的自治能力、想象能力，培养学生的阅读和写作能力等。而为了要与文学专业的教育特点相适应，文学专业的理科和数学课程要偏重于这些学科的文化发展和历史发展情况。

（二）普通高中课程的设置和内容构建

1. 课程类型多样化

一般情况下，法国普通高中阶段每周的课时为 26 小时，课间休息时间为 5 分钟，上课时间为 55 分钟，其课程类型具有多样性的特征。高中三个年级的课程都分为三大板块。高一年级主要是以面向所有学生的共同教育为主，以有助于高二年级选择专业的选修教育为辅；高二年级则是将课程划分为自由选修教育、必选教育和必修教育三类；高三年级则是将课程划分为自由选修教育、必修教育，以及与社会相联系的专业选修教育。

除此之外，法国普通高中还通过一些"点缀性科目"丰富学生的学习生活。高一年级主要包括面向部分学生开设的社会文化实践、班级生活、艺术表达车间、计算机提高、个体化帮助等；而高二年级和高三年级则只开设了班级生活、艺术表达车间、框架性个人研究等。学校想要通过这些科目为学生建立一个接受帮助和进行跨学科教育的空间。其中，改革的重要举措之一便是具有综合课程性质的框架性个人研究与模块课程的结合。

2. 设立综合课程

法国面向新世纪的高中课程改革重新设立了三门课程，是其推动改革走向成功的重要方面，即普及整个高中的公民、法律和社会教育以及高一年级面向部分学生的个体化帮助；在综合课程中融入了高二、高三年级的框架性个人研究。其中，公民、法律和社会教育主要表现为多门学科的综合，而把综合的基点放在学生个人的研究活动上则充分体现了框架性个人研究。除此之外，法国面向新世纪的课程改革还十分重视从多学科的角度把地理、化学、生物学、地球科学结合起来的环境教育。

3. 注重共同必修教育

共同教育，即必修教育占据了高中三个年级大部分的资源，这一现象充分体现了其课程安排遵循让学生掌握共同文化的宗旨。其中，高一年级需要掌握的共同教育学科包括体育、生命和地球科学、法语、历史、化学、物理、地理、数学以及公民、法律社会教育。而高二年级和高三年级的各个专业的必修教育则更多地反映了其专业性。

"公民、文化和体育"这个主题是法国进行高中课程改革的核心主题，主要体现在"公民、法律和社会教育"课程涉及高中三个年级，融合多种学科，引导学生认识自己的权利和义务，认识社会的规则，认识自己生活的社会，做一个自主的公民是这一课程的最终目标。同时，法国在高中课程改革的过程中还加强了艺术教育措施，根据相关要求和学生的兴趣需求专门设立了面向所有学生的艺术表达车间，其内容主要包括视听、电影、音乐、戏剧、舞蹈、造型艺术等。

由于法国学生普遍存在着对外语知识掌握不足的问题，随着全球化进程的加快，各国之间的联系也日益紧密，法国政府认识到学习外语、掌握外语的重要性。培养学生的口头和书面沟通能力是法国普通高中外语改革的首要目标，其次是对外语教育文化维度的了解。

除此之外，法国教育改革还强调了体育的重要性，相关专家学者认为体育是高中教育不可缺少的重要组成部分，是青少年获得身体健康和平衡发展的关键因素。因此，学校必须重视对体育课的安排和利用，通过体育课引导学生进行团队合作，培养其尊重他人的意识。

4. 教学大纲注重以基础为中心

国家教学大纲委员会为了更好地贯彻"以基础为中心"的思想，提出了大纲编制的四个原则。

①等级化。委员会认为，为了能够更好地、和谐地编制教学大纲，科学技术小组应根据课表中具体的课时分配为依据，合理地安排参与编写大纲专家的责任和实际工作。

②减轻化。主要是指教学应追求"教的少些却更好些"，即减轻教学大纲规定的教学内容分量，需要注意的是，分量的收缩并不代表要降低教学水平。这就要求学校在编制教学大纲的过程中，必须进行综合性考虑，如考虑哪些内容应该放在后面、哪些内容应给予优先权、小学到初中再到高中学习的时间顺序等。从教师的角度来看，其优势在于能够随时对学生的掌握和思考情况进行评估；从学生的角度来看，能够有更多的时间分析所掌握的东西。

③透明化。科技小组根据委员会的相关要求，在编制大纲时需要提出适用于所有学科的大纲程式介绍，为了更好地完成这一目标，需要通过具体说明、方法论、教学论等方面的应用资料。

④对于课程内容和教学方法，法国最新的高中教学大纲有着强制性的融合，这也是其课程改革最突出的特征。其各个学科的教学大纲都存在着一个共同的特点，即强调教师在教学中享有的完全自由，需要注意的是，教学大纲还对教

学方法的使用提出了要求，如很多学科教学大纲（如法语，公民、法律和社会教育，框架性个人研究）都要求使用"提出论据的辩论"这种方法，即要求学生引经据典为自己的观点辩护。

第五章　新时代高中教师的角色定位与专业发展

新一轮国家教育课程改革不仅要更新教师的教育理念，而且要改变教师传统的教学方式，转变旧的教学行为。新时代下，教师要有新的角色定位，不断提高专业水平。

第一节　教师的角色

一、教师的角色定位

（一）作为教员的教师

教师肩负向学生传授价值观念和社会道德的重任，要教授给学生科学文化知识和社会文化知识，解决学生的困惑。教师在传授文化知识的过程中，让学生掌握人类不断积累的历史经验，提升学生的能力，形成完善的人格。作为教员的教师，应该具有广博的知识，是一部内容丰富的教科书。

（二）作为榜样的教师

教师的言行举止通常会被学生视为榜样，对学生的成长起到很大影响。教师的榜样作用是巨大的，其行为会引起学生强烈的认同和模仿。因此，教师应该以身作则，不仅要教授学生知识，更要教会学生做人，用自己诲人不倦、学而不厌的求知精神激励学生。

（三）作为朋友的教师

在学生看来，教师既是学问高深的人，也是道德高尚的人。学生在学习和生活中会遇到各种较难解决的问题，这就需要教师给予关心和帮助。教师应该以平等的态度与学生交流，作为学生的朋友，真诚地对待每一个学生，关心学生，尊重学生。只有这样，才能做好教育教学工作。

（四）作为研究者的教师

随着教育改革的深入，教育教学过程中会遇到越来越多的新情况、新问题，需要教师在从事教育教学工作的同时，不断地反思与探索自己的工作实践，以一个研究者的角色来研究这些新情况、新问题，以不断改进教育教学实践，成为能够不断研究和反思的"反思型实践者"。

二、新时代下的创新型教师角色

一个国家在国际竞争中获得主动的重要因素之一就是创新型人才，而创新型人才的培养在于教育创新。只有创新型的教师，才能培养出创新型的人才。教师专业发展的现实，要求教师成为创新型的教师。适应教育创新的要求，创新型教师应具备以下教育观念。

（一）创新型教师是终身的学习者

教师作为"传道、授业、解惑"者，通过向学生传授文化知识，让传统价值观念和社会道德延续下去，让人类所创造的科学文化知识得到传承和发展。创新型教师不仅应该是一部内容丰富的教科书，还应该是一部常读常新的教科书。教师要不断学习，不断"充电"，不断提高。教师的求知精神会成为学生学习的榜样，给学生以积极的影响。

未来的学习是终身学习，只有学会学习的人，才有资格和能力成为 21 世纪的主人。新的世界，对于学会学习的人来说是一个充满机遇的时代，而对于不会学习的人来说，则是一个伴随着失业、贫穷与绝望的未来。不管将教学视为科学还是艺术，实现教师工作的专业化都是必然。教师专业化既是提高教师水平和教育质量的需要，还是提高教师社会地位的要求。

（二）创新型教师是积极的研究者

教师所从事的工作具有复杂性和自主性，这是教师劳动创造性的基础。创新型教师面对各种学生，既要让学生掌握各种文化知识，还要培养学生的各种能力，养成健全的人格，而教育过程并不能按机器大生产的方式加以标准化、规格化，这要求教师应根据不同学生的特点、爱好与个性特长，采取针对性措施，使每个学生都得到充分发展。

（三）创新型教师是深刻的反思者

创新是一种超越，即不断超越自我，不断进入更高层次的状态。对每个人而言，都有许多潜能并没有得到发挥，而人的潜能需要自己来开启。只要用积极的心态去充分挖掘自身潜能，就会发现用不完的能量；只有不断否定自己、超越自己，才有可能不断走向新的成功。

（四）创新型教师是主动的变革者

受传统教育观念的影响，教师作为知识的传授者，在课堂中占据主导地位，学生作为知识的接受者，在课堂中的地位比较被动，这导致了一些教师在工作中具有较强的保守性，墨守成规，抵制教育教学革新的现象普遍存在，而教师是教育变革能否取得成效的关键。创新绝不可能是自我封闭的，在当前高速发展的时代，教师应该具有创新意识，不断探究，在教育教学中积极变革，在变革中逐渐成熟。因而，教育创新要求教师不断学习、不断研究、不断反思、不断变革，从而使教育过程不仅是学生成长的过程，也是教师发展的过程。

第二节　专业与教师专业发展

一、专业的含义

（一）学科分工说

学科分工说认为，专业是指一种学科分工，是社会职业分化把学科分成门类，专业至少包括五点特征：①从业人员具有全面、系统的专业知识，掌握专业能力。②经过长期的专业教育和严格选拔。③专业人员在其专业范围内，具有较高水平的专业判断和决策能力。④专业具有发展性。⑤具有较强的自主性和明确的社会服务性。

（二）高深学问说

高深学问说认为，专业是指一种高深的学问。美国学者亚伯拉罕·佛莱克斯纳（Abraham Flexner）就指出专业是"高深的学问，不含高深学问的专业不是专业，而是职业"。"专业具有学术性，因为它深深扎根于文化和理想主义的土壤。"其"实质是运用自由灵活的智力去解决问题"。"专业首先具有客观的、理智的和利他的目的。因此，一个专业是一种等级、一种地位，虽然事实上它并非完全没有自私的目的，但至少在理想上它献身于实现比较普遍、比较崇高的目标，而不是满足个人野心。"

佛莱克斯纳在这里提出专业的目的"客观""理智""利他"，其实涉及纯科学研究的基本规范，他排除价值介入，强调关注事实和概念分析的逻辑性、结论的可检验性和共同体内部成果的共享性。所谓的"等级""地位"便代表了专业排他性，即反对外行人的介入，严守本专业的和其他知识领域间保留泾渭分明的界限。

（三）专门职业说

专门职业说认为，专业即专门职业，是指一群人从事一种需要通过专门教育和训练，具有比较高深和独特的专门知识和技术，按照一定的专业标准进行的活动，通过这种活动解决人生和社会问题，促进社会进步并获得相应的报酬待遇和社会地位。

（四）时代孕育说

时代孕育说认为，专业是随着时代的发展进步而不断演进的，是时代孕育着专业，不同的时代有不同的专业观，不同的历史时期形成不同的专业。可以把专业区分为前现代意义上的神圣型专业、现代意义上的技术型专业和后现代意义上的理念型专业。前现代性以神性为核心特征，其专业（如牧师）与神话和宗教有关，可以称之为神圣型专业；现代性以理性为核心特征，其专业（如工程师、建筑师）与自然科学有关，可以称之为技术型专业；后现代性以文化和境域性为核心特征，其专业（如教师、作家）与理念有关，可以称之为理念型专业。

二、专业发展

教师的专业发展是教师队伍专业化建设的基础，是与教师专业化并提的一个概念，教师队伍的专业化建设更多的是从社会角度强调提升群体外在的专业性，而教师专业发展更多的是从教育学角度界定，是指教师个体内在专业素质的提升。

（一）专业发展的概念

专业发展从本质上来说，是教师个体在专业上不断学习、探索和获取新知识，重组知识结构，丰富专业内涵，提高专业水平，实现自我专业发展，成为一个成熟的专业人员的过程。这个过程是一个动态的、持续不断的和非线性的发展过程，要经历多个发展阶段，但并不是所有教师都能如愿地走完全程。

教师的专业发展包含两个方面：一是具有准确的自我认识，进行角色定位，认识到教师是履行教育教学职责的专业人员，有特定的专业知识能力要求，特定的行为准则与自主性，要扮演好这个角色，需要加强自我学习和进行长期的培训；二是不断提高自己的专业素养，包括学习新知识、拓展知识面、专精专门知识、重组知识结构、提高专业能力、增强专业影响力等。这都需要贯穿教师的整个职业生涯，但不仅仅是时间的延续，而渗透与伴随的是教师专业心理与素养的形成、成熟，包括职业信念、追求和价值观等的发展。

（二）专业发展的特征

1. 时间特征

专业发展在时间上是一个过程，是一个从不成熟到成熟，以及成熟后又不断超越的过程，绝非一日之功，必须有时间作保证。因此，教师的专业化进程非常重要，没有较长的时间作保证，就不会有教师的专业发展。

2. 空间特征

专业发展在空间上是一种水平状态，是动态的、持续的和不断向前的，没有完结的终点，也不会固化在一个水平状态上。因此，在专业发展上，教师要学而不止，不断进取，不断超越，不断达到更好、更高的水平。职务职称的提升只与一定的专业水平相联系，并不代表某级别的专业水平，职称的变化只体现职业生涯的空间变化。

3. 目标特征

专业发展在方向上是一种目标追求，是个体一种内源性的专业自主，没有自主性与内驱力，目标就不可能达到。因此，教师的专业发展必须具备足够的内源性力量，不然，专业发展就会被繁忙的工作与懒惰、倦怠等心理所淹没，成为一名纯粹的事务工作者，而不是一名专业工作者。

4. 形式特征

专业发展是一种教师提升专业地位与声望的发展形式，没有专业发展就没有专业的地位与声望，就没有人格的魅力去感染学生。因此，教师要注重专业发展，通过专业发展充实自我，提高专业声望与地位，扩大影响力，创造更好的个人价值与社会价值。

5. 本质特征

专业发展的本质是一种专业素质发展，一种专业化水平提升。因此，教师在专业发展的内涵与方向上，要找准方向，把握内涵，选定领域，提高发展的针对性与实效性，并在不同的发展阶段，采取积极的应对措施，促进专业的可持续发展。

6.自励特征

专业发展的水平取决于自励的水平，发展的状况取决于自励的状况，没有自我激励，就不会有专业发展。因此，教师在专业发展上要建立自我激励机制，不断追求与开拓，永远不要满足，不要停止。

（三）专业发展的基本方式

教师在知识学习、发展上，要博览群书，多学科涉猎，学好教师工作必备的教育学、心理学、社会学、管理学、哲学等社会科学知识和人文科学知识，做到够用、通用，能够解决一般性工作问题。在此基础上，再向专门学科领域发展，做到能运用知识解决复杂问题，成为学者型、专家型的专业人才。

教师在专业能力发展上要学会做学生教育工作，学会处理日常工作与问题，学会把握主要矛盾，学会把握工作的轻重缓急，学会执行管理规章与上级工作要求等，在此基础上，发展与提高解决复杂、特殊思想问题与工作问题的能力，做到能力精进，既能满足工作所需，又能他人所不能，把工作做得更精细，出精品，成为教育教学工作的能手、多面手。

教师在专业伦理发展上要注重自律，自我修养，自我完善，应该真正认识到，要称得上是学生健康成长的"指导者"与"引路人"，就应当成为青年学生的楷模，同时要注重以行动立德、养德，成为德行的楷模。

科研能力发展要"研用并重"。教师在科研能力的发展上，要坚持边研究边运用，重在研究工作和教育中的实际问题，把科研与实际工作相结合，把科研成果运用与提高教育工作质量相结合，在科研中提高能力，在运用中发展能力。

（四）专业发展的基本途径

1.继续教育与培训

教师专业发展的重要途径之一就是继续教育与培训。教师的专业发展离不开教育与培训，应当建立教师专业发展的教育体系与培训体系，并有时间保证教师能接受继续教育与培训，如教育部的骨干培训、省级基地的专项专题培训、校级的普遍培训、教师专业学会的交流培训、脱产进修式培训、挂职锻炼、教育技能比武、学历提高培养等多种方式，都应当伴随教师专业发展的全过程，并建立继续教育的学分制度与监督制度来促进教师的专业发展。

2. 自主学习

个体的自主学习、反思、自励、实践，是教师专业发展的主要途径。知识离不开学习，能力离不开实践，成长离不开反思，发展离不开自励。从根本意义上说，教师的专业发展是自主、自励式的自我发展，是内力作用的结果，外部的推动力要通过内力才能产生效应，如果教师没有自主、自励的内在力量，外部推动力再大也不会有作用。因此，专业发展的关键在于主体内源的激励力量。教师大都具有本科以上的学历，但学历不等于能力，学位不代表水平，需要在实践中继续学习，终身学习，激励自我，不断反思，努力实践，这些主体行为一经停止，发展也会停止。

教师的学习包括在岗自学、外出考察、脱产学习、学历学位学习、短期进修学习、经验交流学习等多个方面。对于大多数教师来说，主要以在岗学习为主，要有选择、有计划以及有目的地学习，不断更新自己的知识，拓展知识面，提高知识能力水平和实际工作水平。

3. 教育科研

积极进行教育科研是教师专业发展的关键途径。教育科研对于开拓创新，不断提高工作水平和能力，促进教学工作的可持续发展；对于不断获取新知识，创造新知识，推进教师的专业发展，使教师成为学者型、专家型的专业工作者具有十分重要的意义。不进行或不会进行教育科研将会成为教师专业发展的致命缺陷。因此，教师应当高度重视通过教育科研的途径促进自我专业发展。

没有一定的科研能力与水平就不会有专业的地位与声望。因此，要注重教师通过研究工作对象、工作思路与对策、教育环境、教育的方式与方法、新时期高中学生教育的特点与规律、申报课题等途径，形成教师教科研的特殊能力和具有代表性的专业化水平。

（五）专业发展的基本路线

教师专业发展是一个个体的追求过程，没有追求就没有发展。确立教师专业发展的路线，实际上是一条专业追求的路线。路线正确，就能确保发展的方向正确，少走弯路，并易于到达目的地。

1. 确立教师专业发展路线的重要意义

（1）引导教师专业发展方向

教师专业发展方向就是追求专业化和提升专业化水平，并达到理想的程度与境界。确立专业发展的路线，就是导向教师的专业追求。任何一种追求都是目的性和目标性非常鲜明的意识与行动，如果行动的方向错了，则失之毫厘，差之千里。因此，从这一点上说，重要的不是教师的专业现状，而是专业发展的方向。方向对了，教师就可以沿着这一路线，不断追求、发展和成熟，到达专业化的理想彼岸。

（2）激发教师专业发展的内源性力量

专业发展既是一种知识能力的追求，也是一种事业追求、人生追求。任何一种追求都是既定目标激发的内源性力量作驱动力，推动着个体朝着既定的目标矢志不渝地去努力。确立教师专业发展的基本路线，就可以有效地激发教师内在的活力和向上力，从而达到知识能力追求，事业追求的理想境界。

（3）促进教师的自主发展

专业发展既是一种专业价值和专业地位追求，也是一种专业伦理与精神完善的追求，是自主性选择。任何一种追求都有自主性的特征，即主体自觉地主动适应、主动调节心理行为去实现追求的最优化和效果的最大化。专业发展的路线就宛如一条通向专业化的光明大道清晰地摆在教师面前，可以帮助教师看到专业发展的光明前景，确立专业发展上自强不息的执着信念，促进教师自主地沿着这一路线前进。没有专业自主，专业的发展是不可能的。

2. 教师专业发展的基本路线

教师的专业发展离不开从业岗位，必须与生涯发展相联系，做到集专业成长、能力增长、生涯发展、精神铸造、事业促进、价值实现于一体。因此，在追求发展的方向上，应当沿着"求博、求专、求精、求绝"的路线，专业基础宽厚扎实，越往上走越专、越精、越高，达到自强不息、追求不止的专业发展境界。

（1）求博

"博"指专业发展在"宽度"上要广博，博学、博识，在"深度"上要渊博，博闻、博览，即知识能力为核心的专业发展在面上（横向）要"求广""求宽"，多识、多才、多艺，在点线上（纵向）要"求厚""厚积""丰富""渊博"，基本的要求是做到"三通"。

①通识。具有教育教学普遍性的或叫贯通性的专业知识，如教育学、心理学、社会学、管理学、思想政治教育等学科的专门知识，以及在实践中必备的和感悟的缄默知识，并形成合理的、宽厚扎实的知识结构。

②通晓。通盘知晓教育教学工作的意义、价值、使命、任务、理念、特点、

原则、方式方法、基本要求、规章制度、工作程序、岗位职责、基本规律、运行机制、基本观念等，在专业发展上从"外行"进入"内行"。

③通能。通能指教育教学的各项工作通通会做，通通能做，并能做好、能成事，成为教育教学的能手。专业发展状况是以实际工作中体现出的专业水平来表征的，脱离工作实际的专业发展实际上是不存在的。

（2）求专

"求专"是在"求博"的过程中逐步演进的，是在"求博"基础上根据自身发展的专业方向或专门领域，做到学有专长，术有专攻，事有专能。没有专业方向，就没有专业发展。专业发展"贵"在专，也"重"在专。要看到，专业声望决定专业地位。没有专业声望，既没有专业地位（专业地位是专业发展的结果），也不足以让学生信服与佩服，这样会降低教师对学生人格与学问的影响力。专业声望主要来自人格魅力，学问魅力，学术成就。只有专业发展上有主攻方向才会有突破与建树。

（3）求精

"求精"指专业发展上的精益求精，更加精进，出专业发展上的特色、精品，推进专业发展向更高层次又好又快的发展，具体表现在：第一，有精明的学生工作思路，科学地运用所学知识开展教育教学工作。学生工作无小事，事事与学生身心健康，与培养德、智、体、美全面发展的高素质人才，与学校秩序正常稳定密切相关，必须有先进的教育思想与理念、精明的头脑去思考与谋划，对学生工作事事用心，处处精心，不断创新工作的策略与思路，不断提高工作的专业能力与水平。第二，在专门的领域，更加精通这一领域的知识与业务。第三，追求细化的教育管理方式，对学生教育的每个环节都抓细到位，做精做好，绝不放过有可能导致严重后果的每个细节，决不忽视有碍学生身心健康的每一个隐患，决不轻视有可能引起不稳定事情的每一个问题，绝不忽略有可能导致意外事故的反常心理现象，做到思考细密，操作精细，把小事做好，把细节做亮。第四，追求精益求精的高度。追求决定高度，高度决定专业发展的水平，只有精益求精才能成就真学问、大学问，教师做人、做事和做学问，不能满足于过得去，更要过得硬、有高度，要将知识能力结构高度延伸，形成鲜明的专业高度特征。第五，追求卓越的学生工作效果。就是运用知识能力把教育教学工作做得非常漂亮，有效益，出精品，出特色。

（4）求绝

"求绝"是教师专业发展追求的更高层次与境界，主要包括师品、师识、师能、师艺、师技等方面。要求在专业发展上有一种"登山临绝顶"的精神与气魄，力争达到"临绝顶"的最高境界。"求绝"追求的是专业发展上有"绝活"，有"拿手好戏"，进入"化境"，能具他人所不备，能他人所不能，能化腐朽为神奇，达到专业化水平的最高境界。

三、教师的专业要求

（一）知识结构

1. 宽厚扎实的基础知识

基础知识是知识结构的根基，是教师开展教育教学之本。教师的基础知识除了一般意义上的语数外、计算机、历史学、地理学知识，还包括与学生教育密切相关的基本理论、基本知识，包括马克思主义基本理论、思想政治教育的基本知识、教育学的基本知识、管理学的基本知识、社会学的基本知识、心理学的基本知识等，这些基本知识既是教育教学所必需的，也是教师专业发展的基础。

教师的基础知识扎实宽厚，学生教育与专业发展才有后劲。但在基础知识结构中，知识的各元素之间也存在一个合理搭配的问题，教师需要广泛汲取各类知识的精髓，遵照加重、加宽基本原则，有针对性地扩大自己的知识面。在有利于专业发展定向，有利于专业知识积累与运用的条件下，有选择地扩大基础知识的容量，使知识结构趋于合理。

2. 广博精深的专业知识

教师的专业知识是指在宽厚扎实基础知识之上"专业定向"的知识，是教师在教育教学中展现的一技之长或一面之长，是知识的专门化或专向化发展。专业知识是教师知识结构的核心部分，是教师具有专业地位与专业声望的特色所在。教师不能仅仅成为肯干事、能干事，每天忙忙碌碌的事务工作者，还要成为善想事、会谋事、能成事的高级专门人才和教育专家。无专业知识特色，似乎什么都懂，但没有哪门精通，就成不了高级专门人才或教育专家。

所谓专业知识的广博精深，是指教师对自己"专业定向"的知识具有一定的广度、深度，既要有量的体现也要有质的体现。另外，教师应该了解一定与专业相近领域的知识，将自己的"专业定向"与其他知识紧密结合。

3. 大容量的新知识储备

随着经济全球化、文化多样化和价值观多元化的发展，社会对人才不断提出新要求。因此，教师应该与时俱进，不断更新思想观念，还需要知识"程度高、内容新、实用强"。"程度高"是指知识量大，范围广；"内容新"是指掌握专业发展的前沿知识；"实用强"是指知识能够解决实际问题。

（二）职业道德

1. 育人为本，德育为先

育人为本是指教师将为中国特色社会主义建设培养可靠的接班人作为职业活动的根本；德育为先是指教师注重对学生的思想政治教育。这就要求教师在工作中，应该树立先进的教育理念，坚持社会主义的教育方向，全面贯彻党和国家的方针政策，把握"根本"不动摇，坚持"优先"不错位。

2. 敬业爱岗，关爱学生

敬业爱岗是指教师应该热爱教育事业，积极投身到教育事业中。这就要求教师应承担教育者的社会责任，对受教育者充满关爱。关爱学生是爱岗敬业的基本要求，也是实施教育的核心思想，教师要关爱每位学生，成为学生的良师益友，成为学生健康成长的引路人。另外，教师还应该尊重学生，尊重学生的人格、兴趣、情感、志向等，做到不以个人好恶、表现好差、家庭贫富划线，不伤害学生的自尊心、自信心。关爱学生还要公平对待每一个学生，严格要求每一个学生，严在当严处，严在细微处，严在激励中，严在情理中。

3. 刻苦钻研，严谨笃学

刻苦钻研是指教师应该认真钻研教育教学的知识与技能，提升自身的专业化水平，促进专业成长。因此，教师应该树立终身学习的理念，崇尚科学精神，不断更新知识结构，拓宽知识视野，不断提高育人的能力和水平，成为知识型、学者型的教育者。同时，教师还应该养成严谨、求实的治学态度，恪守学术道德。

4. 淡泊名利，志存高远

淡泊名利是指教师应该树立正确的功利观，忠实于教育人、发展人，超越世俗功利。志存高远是指教师应该具有远大的理想和抱负，站得高、看得远。这就要求教师具有高尚的道德情操。

5. 以身作则，为人师表

以身作则是指教师应该以身立教，身体力行地对学生进行教育教学工作。为人师表是指教师的言行举止应该堪称表率。这就要求，教师应该严格要求自己，凡是要求学生做到的，首先应该自己做到；要时刻想到自己肩负以身立教，为人师表的职责。需要示范给学生一个诚实守信、言行一致、表里如一、遵纪守法、认真负责、公正廉洁、文明有礼、热忱温和、严于律己、宽以待人的师者形象。要时刻想到自己的一言一行都对教育效果和学生的健康成长起着潜移默化的影响，只有以身作则，为人师表的人格魅力才有巨大的感染力和影响力。因而要言行有矩，注重细节，事事尽心，时时用心，处处示范，用自己良好的思想道德去教育和影响学生，坚持用人格塑造学生人格，用精神塑造学生精神。

6. 因材施教，循循善诱

因材施教是指教师应该了解学生，根据学生的实际情况进行教育教学。循循善诱是指教师应该在遵循学生的认知发展规律的基础上对学生进行教化。因此，教师应该注重教育的针对性和实效性。在教育思想方面，尊重学生之间的个体差异和发展的不同步性，坚持有教无类；在教育方式方面，从学生的实际情况出发，采取针对性教学；在教育方法方面，坚持具体问题，具体对待，具体处理。

7. 严于律己，宽以待人

严于律己是指教师应该严格要求自己，规范自己的言行举止。宽以待人是指教师应该具有宽广的胸怀。因此，教师应该以高标准严格要求自己，提高自我控制力，执教为国，立行为公，先人后己，善于反思，不轻易原谅自己的过错，不轻率放过自己的失误，律己进取，永无止境。同时，要以宽广的胸怀、谦恭的态度对待学生、对待同事、对待领导，能容人、容事，特别要善待学生的过错，宽容他人对自己的不恭，对他人意见要"有则改之，无则加勉"，以宽厚仁爱与人相处、处世为人。

8. 团结协作，求真务实

团结协作是指教师应该具有合作意识，善于与他人合作共事。求真务实是指教师应该寻求现实，追求真理，讲真话，办实事，务实情，务实际，务实效，具有实事求是的精神。因此，教师应该具有全局意识，从团队角度出发，齐心协力，互相配合，通力合作，共同作用于育人这一复杂的工程。同时，在教育教学中，坚持一切从实际出发，按规律办事，求真实效果，讲真干，重实干，踏踏实实地做好教育教学工作。

9. 勇于创新，奋发进取

勇于创新是指教师要有强烈创新意识，使教育教学与时俱进，能不断满足学生工作可持续发展的需要和学生健康成长的需要。奋发进取是指教师要有不断追求、不断超越、奋发向上、有所作为的意识与态度。这就要求教师不断改革教育教学的内容、方法和手段，不断追求育人的新实践、新局面、新成果。同时，教师还应该具有持续的工作热情，不断追求工作的新目标。

四、专业化

（一）教师专业化的概念

教师的发展是一个专业化过程，是社会发展、职业分化的自然结果。教师专业化一般包含两种涵义：一是指建立专业标准，使教师从普通职业转化成为专门职业，并获得相应专业地位的过程；二是促进教师这一职业群体的专业水准发展和完善相应的建设要求。

从过程的角度来说，教师专业化需要教师在整个专业生涯中，不断地进行专业性训练，学习专业的教育知识技能，提升专业的道德素质修养等，这是一个由"职业人"向"专业人"的成长发展过程；从结构的角度来说，教师专业化就是使教师这一行业具有独特的职业要求、符合专业的职业条件、制定专门的培养制度、落实科学的管理制度以及成立专门的教育机构等，教师需要经过国家权威机构的认可才能正式上岗；从表现形式的角度来说，教师专业化就是社会对教师这一职业的内在素质与外在认可的统一要求。

由此可见，教师专业化不仅是一种水平状态，还是一个不断深化的过程。教师职业有自己的理想追求、有自己的理论武装，有自觉的职业规范和高度成熟的技能技巧，有不可替代的独立特征。

（二）教师队伍专业化建设的特点

1. 教育性

教师队伍专业化建设属于职后教师教育范畴，教育性的特点鲜明。职后教师教育最核心的是养成教师的"师道"和"师德"，即教师通过专业化建设，"得道"并"树德"。"师道"是指教师的为师之道，为人之道，为学之道，传道之道，爱人之道，育人之道，创新之道。教师既要懂得，更要获得这些"师道"。"师德"就是教师必须遵循的职业道德行为规范，包括职业道德原则、职业道德规范、职业道德范畴三个方面，最直接地显示了教师职业道德的责任、权利与义务。教师就是要通过专业化建设，树德铸魂，成为"人师"。

此外，教师队伍专业化建设其实就是专业化教育。由于教师光荣而艰巨的崇高使命，他必须完成从一个"职业人"向"专业人"的转变，在教育学生的同时，自身也要接受教育。

2. 目的性

教师队伍专业化建设就是为了建设一支"政治强、业务精、纪律严、作风正"的高素质队伍，以承担做学生健康成长的指导者和引路人的光荣使命，目的性非常鲜明。围绕这一目的，教师队伍的专业化建设不仅要经常化、制度化，更要长期化。时代在变，环境在变，学生在变，教育也在改革、变化中不断前进，教师的素质必须适应变化，要通过专业化建设始终保持与时俱进，不断完善提升的态势。因此，专业化建设未有穷期，未有终点，而要伴随教师职业生涯的全过程。

3. 整体性

教师队伍专业化建设既是着眼于提高每个教师整体专业化水平的建设，又是着眼于提高整支队伍专业化水平的建设，这两个"整体"缺一不可。前者是基础，后者是结果。没有每个教师整体专业化水平的提高，也就不会有一支专业化水平很高的教师队伍。而其中更重要的是，即使是一名教师的整体专业化水平不高，也影响到上百名学生的健康成长。在这一点上，教师队伍的专业化建设不仅要注重整体，更要注重个体，不要让一名教师掉队。

4. 实践性

教师队伍专业化建设是立足于实践，在实践中学，在实践中用，在实践中发展的建设，实践性特点非常鲜明。实践性的建设特点，要求教师更多地注重在实践中学习，根据实践需要学习，挤时间学习，向实践学习，在实践中不断反思、总结和提高。特别是对于"缄默"的知识，也就是不能用语言、文字、符号进行逻辑说明、"只可意会不可言传"的知识，教师更要在实践中善于感悟、领悟、醒悟，通过辨别、检讨、澄清、解构、重组、重构，以形成独具个性特征的实践智慧。当然，实践性的特点并不排除脱产离岗的"学历"提高性学习，但对于大多数教师来说，更多的要立足于在实践中提高专业化水平。

实践是专业化建设的基础途径，离开实践，专业化建设无从谈起。实践是专业化建设的最好平台，教师的专业化水平要依托实践来提升，专业技能状况要靠实践来检验。实践也是最好的学习方式，是实现专业化的最佳途径。实践出真知，实践长才干，教师不仅要重视实践，更要注重通过实践提升专业化水平，在实践中不断学习，不断取长补短，不断反思总结，不断开拓前进。

（三）教师队伍专业化建设的方法

1. 以老带新法

以老带新法也可称为导师制，即在专业化建设中选择有丰富教育教学经验和副高以上职称的教师或辅导员做导师，对新进入教师队伍的人进行传、帮、带，既助其适应角色转换和适应职业，传授教育教学的做法和经验，又帮其促进专业发展与成长。以老带新法在实践中有着非常现实的作用与意义。

2. 学习交流法

学习交流法是指专业化建设中采用横向交流、纵向交流、内部交流、外出学习交流、专题交流、教育技能比武交流、学习交流等多种形式与方法提升教师专业水平的方法。学习交流的方法有利于教师开阔视野，拓宽思路，相互学习借鉴，相互取长补短，促进先进经验的传播，促进专业的共同提高与发展。

3. 反思总结法

反思总结法是指在专业化建设实践中，教师不断反思总结自己的工作，不断反思总结自己的专业发展情况，不断反思总结自己的师表形象，以不断发现自己专业发展中的问题，不断改正问题，发展自我。

常见的有"过电影反思法""对比反思法""静思反思法"等。"过电影"就是把自己一日、一周、一个时期的学习、工作情况放电影一样过一遍，从中找出成功和不足。"对比反思"就是与工作要求进行对比，与同事进行对比，与学生的需要进行对比，看自己哪些方面值得肯定，哪些方面还要继续努力。"静思反思"就是静下心来进行反思总结，从内心深处对自己的学习和工作情况进行自我剖析，确切弄清自己学习工作中的得与失在哪里。反思总结法是促进专业发展、专业成熟之门的金钥匙，应当成为教师的职业习惯。反思使人清醒，总结使人提高。

4. 案例讨论法

案例讨论法是在专业化建设中，选用教育教学中的典型案例，通过解剖案例，分析案情，弄清案由，谋划对策，培养教师的科学思维和专业水准，提高教师有针对性解决实际问题的能力，进而能举一反三解决类似问题的方法。案例讨论法对提高教师的专业化水平具有普遍的意义，这是因为在教育管理的实践中，教师会碰到许多共性的问题，解决这些问题也有许多相同之处，通过案例讨论，就可以收到"它山之石，可以攻玉"的作用，即使是某些特殊性的个案讨论，也可以让教师从中学到许多东西，并加强教育管理的预防性，避免"问题"重演。

5. 专题辅导法

专题辅导法是指在专业化建设中，选用教育教学中所面临的以及需要解决的重要理论与实践问题，形成专题对教师进行辅导的方法，帮助教师加深对专题的认识和理解，掌握相应的方法，提高解决相应问题的专门能力。同时，通过专题辅导解决工作中的实际问题，既能丰富教师的专业知识，还能提高教师的实践水平，拓展工作新思路，开创工作新局面，收获工作新成果。因此，专题辅导法对教师队伍建设具有重要的理论与实践意义，教师可以通过"破解"一个个专题而激活思想，掌握理论，精通方法，积点滴而成江河，最终达到提高专业化水平的目标。

6. 课题研究法

课题研究法是指在专业化建设中，教师通过抽象教育教学中重要的理论与实践问题，形成课题进行研究，寻找或创新解决问题的思路和对策，并建立新的理论和实践体系的方法。这种方法特别有利于提高教师的教科研能力和水平，有利于创新学生教育管理的理论与实践，有利于提高教师队伍的专业化水平。当然，进行课题研究，必须掌握教育科研的原则与方法，要进行科学的选题，并遵循基本的科研程序和学术道德，形成学术团队，集思广益，发挥团队的智慧与力量"攻关"。教师在进行课题研究时，要坚持课题从实践中来，在实践中研究，又接受实践检验的基本思路，以提高科研的针对性和实效性，力争出新成果、新特色。

7. 实践锻炼法

实践锻炼法是指在专业化建设中，教师坚持在实践中学习，在实践中锻炼，在实践中发展，在实践中提高的方法。教师专业化水平的提升，既离不开实践，也依赖于实践，教师仅有广博的知识是不够的，还要在实践中能用、会用、善用，知识不能用于指导实践，就是"无用"的知识。实践不仅可以深化教师的职业体验，升华职业情感，坚定职业信念，加快职业成熟，更重要的是实践可以促进知识的有效运用，教师通过学用结合，"用""学"互促，在实践中体现出真水平、真才干。实践锻炼还可以让教师学到许多书本里没有的知识，在教育管理中学到许多新的东西。

当然，实践中也有许多困难与问题需要教师面对、解决，有顺境也有逆境，有成功也会有失败，有快乐也会有忧愁，正是这些，它才可以锻炼教师的心智，磨砺教师的意志，增长教师的才干。实践锻炼法是教师专业化水平提升的不变之法，常用常新，常用常进。

8. 考核评价法

考核评价法是指在专业化建设中，采用科学合理的考核评价手段考核评价教师的专业发展情况，营造良好的专业发展氛围，形成良好的教师专业发展竞争机制，推动教师专业发展，提升整个队伍专业化水平的方法。这种方法对推进教师队伍专业化建设起着十分积极的作用，因为在人的潜意识里，每个人都是不甘落后的，科学合理的考核评价，可以形成有效的激励机制，调动教师"不甘人后"的内在动力，进而促进其专业发展。

考核评价法同时是专业化建设中的"指挥棒""孵化器"，即指挥、引导教师的专业发展，"孵化""催生"专业化的教师。例如，为了提高教师的知识水平，可以规定在一定时期内读好几本书，并采用考核评价的方法，提高教师的读书质量与效果；为了提高教师的教育技能，可以通过技能比武的方式，并进行考核评价，会有力地提高其技能水平。总之，考核评价应当伴随专业化建设的全过程，成为教师专业发展的"助推器"。

（四）教师队伍专业化建设的基本着力点

1. 提高教师队伍专业化建设的针对性

针对学生工作专业分化程度低，解决好能不能"专"的问题。教师工作是集教育、管理、服务、事务于一身的综合性工作，不仅工作涵盖面广、工作内容繁杂，对教师的专业知识要求也比较严格。

因此，专业化建设要针对学生工作分化程度低的现实，着力解决好能不能"专"的问题，讨论专业化的必要意义。其实，问题的另一方面，学生工作也是由若干专业体系组成的，每一个专业体系都是相对独立的系统，只要沿着其中一个专业体系发展，能不能"专"的问题就可以迎刃而解。

针对队伍流动性大，解决好怎样"专"的问题。专业化建设的基本前提是职业的专职和基本稳定，失去这个前提，专业化建设就成了空中楼阁。目前教师队伍存在流动性大、职业化程度不高的现实问题。解决这一问题的最佳途径，是推进教师的职业化进程，完善职业化的相关政策保障和运行机制，吸引更多的教师队安心从业、乐从此业、终身从业，为教师队伍的专业化建设创造基础条件。

当然，教师队伍不可能不流动，但这种流动必须适度、合理、优化。"适度"是指流动不要大换班，而要大部稳定，少数流；"合理"是指因工作需要的流动，不是因体制、机制不健全而流动；"优化"是流动的结果，应优化教师队伍建设，而不是削弱教师队伍的建设。

针对教师职业易倦怠，解决好如何促进"专"的问题。职业倦怠是由工作导致的心理枯竭现象，受到工作压力影响，感到身心疲惫，这与肉体上的劳累不同，是源自心理上的疲倦。教师的工作责任重、压力大、事情多，每天忙碌，长此以往，就容易出现职业倦怠，从而失去工作热情，失去对专业发展的追求。现实也是这样，许多教师感到工作压头，无暇学习，且相关政策未落实，还有后顾之忧，抱有"只把目前的工作做好就行，专业发展的问题以后再说"心态的教师不在少数。

因此，为了避免教师产生职业倦怠，应该重视教师的职业心理健康，帮助教师做好自我调节，正视心理枯竭问题，帮助教师正确认识、找到专业发展的激励点，不断提高心境水平，在幸福学生时幸福自己，在快乐学生时快乐自己，在精彩学生时精彩自己。

针对"角色定位"偏差，解决好如何落实"专"的问题。教师的角色定位偏差，主要包括教师和学校领导两方面。教师对自身角色定位不准确，找不到专业发展的切入点，安于现状，缺乏内在动力。学校领导对教师角色定位偏差，就会对教师专业发展重视程度不足。因此，专业化建设要着力解决好教师的角色定位问题，并在此基础上落实教师的专业发展问题。在学校中，教师作为"教师"角色，专业化是必然要求，是角色所需。若角色定位不清，就与上级要求，也与现实需要和角色定位大相径庭。因此，教师自我角色定位要准确，学校领导对教师角色定位更要准确。

2. 提高教师队伍专业化建设的实效性

（1）培育教师的专业精神与品质是灵魂

教师队伍专业化建设的灵魂是专业精神与品质，这是教师专业发展最核心的要素，以科学人文精神为内核，以专业意识为基础，以专业自主为主体，以专业理想为导向，以专业信念为支撑，主要包括自强不息的专业追求，淡泊名利的专业态度，爱岗敬业的专业品质，有道德和学术造诣的专业声望，不断发展完善的师行、师德的专业风范等。一支队伍有了专业精神，就有了昂扬的士气，一名教师有了这样的专业精神，就有了前进的方向和动力，就有了专业的灵魂与生命。因此，衡量教师队伍专业化建设的实效性，要看教师队伍的专业精神培育得怎么样，教师的专业品质发展得怎么样，最终是个体和整体的精神风貌怎么样。

（2）提高育人的知识能力是关键

在学校中，教育和教学关系密切，但又各自有不同的专门领域，需要遵循专门领域的规律，运用不同的专门知识能力。教学主要以"传授知识"育人，教育主要以"运用知识"育人。教师队伍专业化建设的关键在于提高教师的育人能力。衡量其建设的实效性，主要取决于采取什么样方式和措施提高教师的知识能力，提高的程度有多大，是不是能够解决教育教学中的实际问题，是不是真正建成一支专业知识和能力水平较高的教师队伍。

（3）增强专业素质和教科研能力是根本

专业素质可以体现在专业基础、专业思维方式和解决问题的能力等方面。专业素质建设的根本是引导教师树立正确的职业价值观，使之与职业要求相匹配。教科研能力是指分析问题、解决问题、创新育人方式的能力。衡量教师队伍专业化建设的实效性，应该看其是否真正提高了教师的专业素质和教科研能力，看教师在学校教师队伍中的地位和声望，看教育教学的实际效果。

（4）出路多样化、发展专业化是方向

推动教师队伍专业化建设的目的不仅在于提高教师的专业化水平，促进教师专业发展，还在于为学校培养高素质的教育人才、学术人才。因此，教师队伍专业化建设方向应该是出路多样化、发展专业化。对于那些有志向终身从事于教育职业的教师，应该帮助他们做好专业发展规划，走名师、专家的发展路线。

3. 坚持教师队伍专业化建设的可持续发展性

（1）建立完善的教师准入机制

完善教师准入机制，坚持"高进"的教师选聘原则，从源头抓起，提高准入门槛，把好"入口关"。因此，应设计科学合理的选聘方案，提高选聘的标准，严格选聘的程序，畅通选聘渠道，坚持公平、公正、公开、择优的原则，同时也使教师相应缩短职业适应期。

（2）建立完善的教师培训机制

为了提高教师队伍的专业化水平，推动教师的专业发展，提高教育教学工作的实效性，应该注重对教师的职后培训。要建立教师经常性的培训制度，形成学习型团队；要坚持和完善新任教师培训制度、集体备课制度、案例讨论制度、工作例会制度、学习交流制度、教师"应知""应会"考核制度等。

（3）建立完善的教师考核评价机制

建立完善的教师考核评价制度，形成有效的评价机制和激励机制。考核评价的内涵反映了学校提倡什么、肯定什么、赞赏什么、奖励什么、否定什么的基本态度，对教师有着积极的暗示作用和导向作用，并激励教师朝着学校提倡、肯定、赞赏、奖励的方向努力，以提高工作的满意度，实现自我价值，推动教师的可持续发展。为此，应该用科学系统的方法、指标，评定教师的工作。

（4）建立完善的政策保障机制

政策保障机制包括落实上级政策和建立学校教师管理制度两个方面。首先是落实上级政策，教育部对教师的要求与职责、配备与选聘、培养与发展、管理与考核等作了明确的政策规定，必须得到切实的执行与落实，这样才能从根本上保障教师的正当权益，保障教师的可持续发展。其次要根据上级政策要求，建立学校教师队伍建设的相应管理制度，把政策落实具体化，把建设目标、要求、运行、投入制度化，不因领导的变动而变动，不因领导观念的改变而改变，形成有效的队伍专业化建设的支持系统，促进教师队伍专业化建设的可持续发展。

（5）建立完善的组织领导保障机制

组织领导保障，学校领导重视教师队伍专业化建设是关键。学校领导作为上级政策的执行者，学习政策的制定者以及队伍专业化建设的决策者，能否切实地执行、落实教师队伍建设的政策规定，能否给予教师队伍专业化建设应有的重视，能否将教师队伍专业化建设纳入学校师资队伍建设计划和人才培养计划，能否出台有利于教师专业发展的政策，形成专业发展的良好环境，能否落实教师生活、学习各方面的待遇，并出台适当的倾斜政策，建立长效机制等，关键在于领导。领导不重视，就没有教师在学校应有的地位，更谈不上教师队伍专业化建设的可持续发展。

实践证明，学校领导的重视是教师队伍专业化建设可持续发展的可靠保证。为此，学校领导要站在讲政治的高度，站在培养学生的人生导师的高度，站在建设一支高素质、专业化的新型学生教育教学管理队伍的高度，来重视教师队伍的专业化建设，并建立可行的、高效的组织思想保障机制，减少管理中的随意性、与专任教师队伍建设的不同等性。上级教育行政主管部门应当加强教师队伍专业化建设的督查，及时纠正领导不重视、政策不落实和建设未到位等问题，也是确保教师队伍专业化建设关键的环节。

第三节 高中新课程与校本教师培训

一、校本培训的定位

需要认识到，校本培训能够为教师的专业发展和学校的可持续发展提供导向、支撑作用。众所周知，一所好的学校离不开一支好的教师队伍，教师素质的高低已成为决定学校前进和发展的重要因素。"名"学校名在哪里，就名在它用独特的、先进的办学思想管理学校，用超前的教育理念培养造就了优秀的教师队伍，形成了先进的校园文化，造就了成绩卓著的人才。教师在这样的环境下，树立正确的教育观念，在学校创设的环境中、在学校提供的条件中，从不成熟到成熟，从经验型教师迈向专家型教师。学校要想可持续发展，必须有先进的理念和高素质的干部教师队伍。校本培训就是一种基于学校、在学校中、为了学校的行之有效的方式方法。通过加强对校本培训的管理和实施，才能取得成效。应该站在学校可持续发展的角度来看待校本培训，才能更好地发挥其内在作用。

新课程改革本身就是一次前所未有的教育科研实践活动。它的系统性强、内涵丰富、周期长，是对学校办学理念的新挑战。领导的思想认识到位了，教师的教学理念才能跟进。有人认为学校提供的不是使用教师的职业，而是成就教师的事业；不是繁杂疲惫的工作，而是快乐、有意义的人生过程。要把教师放到发展过程中去定位，放到集体中去定位，放到社会大背景中去定位，放到共同发展和共同提升中去定位，在共同发展的目标下共同提高。这些活动，没有有效的学习培训作保证，是解决不了教师专业素质问题的。

教师的培训工作虽然说有教师的继续教育等外在的培训形式，但是解决的是面上的、宏观上的问题，缺乏对教师解决实际问题的针对性，因而培训工作也就打了折扣。学校是教师进行工作的地点，教师面对的是实际的教育教学工作，要想提高教师的专业素养，就要解决教师的实际问题，在解决问题中提升能力，这些就要靠校本培训这个最有效的方式。

基于这样的认识，校本培训定位于解决教师教育教学实际工作的问题，促进教师的专业发展，提高学校的教育教学质量。可采取三位一体的培训模式，以科研主题化的教研方式的改革为突破口，配合讲座、专家引领等辅助性措施，为教师提供背景，设计问题，寻找切入点，引发兴趣和需求，提供方法、途径和机会，激励进取，固化能力，分类推进，鼓励创新，加强管理，循序渐进，并最终引导教师在学校构建的全面发展校本培训框架内提高，从而在提升教师专业发展的同时，建设学校的团队文化、学习文化。

二、校本培训的实施

（一）实施方式

在校本培训过程中要融"教、研、训"为一体，实施全方位的校本培训。"教研"是指具体的教学实践研究；"科研"是指教育科研主题研究；"培训"是指教师校本培训。应该保持校本培训的实践性、实效性、科学性、长期性、针对性、规范性，整合日常教学研讨与教育科研。

"教研训一体化"，加强教育科研机构和学校的合作，让教研机构的研究活动和教师培训有机结合，共同参与主题研究，让教育科研工作根植在教育实践中，让教育实践在科学研究中进行。同时，教育科研机构与学校之间应该建立长期稳定的合作关系，实现教师培训的连续化。

（二）实施目标

初步形成具有本校特色的、切实可行的校本培训、校本教研的工作制度和方式方法，同时逐步完善校本培训的管理与评价的管理方案，使广大教师初步形成研究性学习的理念与习惯，营造较浓郁的校园文化氛围，使学校逐渐成为学习型组织，使教师的专业化发展得到一定的提高。

学校教师根据自己在教育教学工作中的实际问题进行反思，确定研究主题。争取全体教师有主题、研究取得预期的效果，部分教师在某些项目上能取得显著成果。初步探索有效的校本培训的有效方法，形成学校的校本培训特色，为教师的成长、学校的发展提供保证，为校本培训提供可以借鉴的案例和模式。

（三）实施过程

1. 完善组织结构

完善组织结构，保障校本培训的有序进行，成立教师培训领导小组。组长：校长。组员：各年级主管主任、教研组长和校外专家组。

校长真正担负起第一责任人的责任，参与全部培训活动的策划及实施。各组员积极承担起各自的任务，在日常的教育教学工作中，采取卓有成效的培训办法，指导教师。专家组参与学校培训方案的制订，在实际工作中帮助教师解决实际问题。可以建立四级校本培训管理体系，如图 5-1 所示。

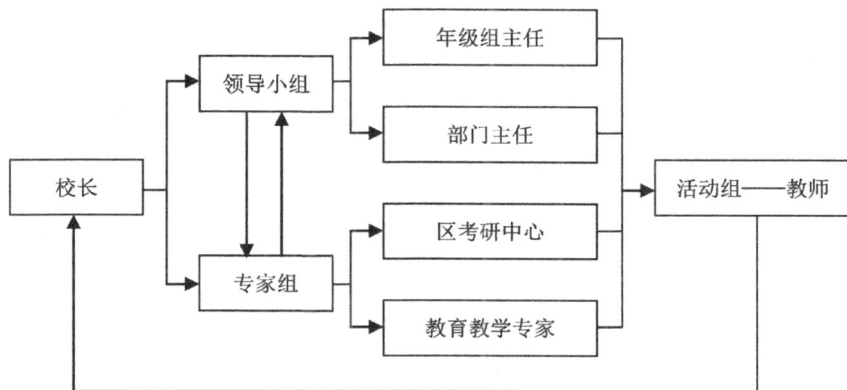

图 5-1　学校培训组织结构图

校长是校本培训的第一责任人，负责学校校本培训的总体规划和宏观管理，以保证教师发展方向与学校发展方向的统一。

校本培训领导小组以校长为组长，各部门、各年级主管主任为成员，负责校本培训中长期计划方案的制订及校本培训的组织管理。

聘请教育研究考试中心师训科、干训科领导及各学科教研员，教育教学专家等，组成校本培训专家组，为校本培训提供理论、方法指导，并对校本培训规划、活动主题进行论证评估。

校本培训活动组以学科教研组长为组长，本组教师为组员，负责本组学期培训计划的制订、活动主题的选择及活动具体实施。

教师作为校本培训的主体，构成校本培训实践层。教师在参加校本培训的同时，要制订出自己的专业发展计划。

2. 加强制度管理

没有规矩不成方圆，建立健全规章制度是为了保证培训工作的顺利进行。为突出教师的主体地位，实现校本培训的民主管理，在健全制度的过程中，应该广泛征求教师意见，把制订制度的过程变为统一思想和意愿，形成共同愿景的过程。通过教师的积极参与，逐步制订并完善各项校本培训规章制度。

（1）校本培训计划检查制度

每学年初校长负责检查学校总体培训计划的制订情况；校本培训领导小组负责检查活动组学期培训计划和教师的个人专业发展计划的制订情况。由校本培训活动组组长对教师参加活动情况进行考勤管理，并纳入教师评价范畴。

（2）校本培训主题申报和论证制度

校本培训活动组依据教师发展需求，确定培训活动主题，填写《校本培训申报表》，报送校本培训领导小组；校本培训领导小组会同专家组对申报主题做出论证，通过论证后报送教研考试中心师训科备案，校本培训主题活动纳入继续教育记分系统。同时，结合教师的实际情况，将科研课题结合起来进行，有能力的教师在校本培训的过程中，将自己或教研组、备课组的各种级别的科研课题进行研究，充分发挥骨干教师的示范引领作用。

（3）校本培训档案管理制度

将校本培训活动记录纳入档案管理，主要资料包括培训申报表、主题培训理论学习资料、理论学习交流研讨记录、主题研究课集体备课记录、主题研究课教案、主题研究课听课记录、主题研究课研究记录、主讲教师课后反思、主题活动经验总结（或论文）等，还包括各种音像资料，传送到学校培训网站的材料。上述档案资料应作为校本培训定性评价的依据。通过档案管理，加强对校本培训活动过程的管理，以保证活动质量。

（4）校本培训奖惩制度

校本培训评价与结构工资挂钩。教师参加校本培训的情况纳入结构工资定级方案之中，加强过程管理的力度，使教师在教学、教育、研究、培训过程中的情况得以明显地体现出来。

校本培训评价与奖励工资挂钩。依据教师参加校本培训的情况及对学校发展所作贡献，根据评价奖励方案的要求，每学期末经领导小组评议，向优秀者发放奖励工资，同时记录在教师的工作档案上。

校本培训评价与教师评优、晋级挂钩。学校由领导班子制订出实施方案，在教师中广泛征求意见，进行修改，教代会审议批准，确定实施方案，在学校教师评优、晋级活动中，经评议小组评议，实行校本培训学分一票否决制。

校本培训成果单项奖励制度。对在培训过程中发表（或获奖）论文、案例、课件及获得优质课奖项的教师，学校给予一次性物质奖励。同时为了给教师搭建成长的平台，学校还在学校的网站上开辟出培训专栏，要求教师把自己平时进行的研究成果，如教育随笔、教育教学案例、研究课的录像材料、听课评课的材料录入到培训网站上，还要求每位教师在课余时间登录网站进行学习，在学期末，由网管员进行统计，上报到学校领导班子，依据单项奖励方案进行奖励。

（5）校本培训经费管理制度

为保障培训的顺利实施，制订经费管理制度，为培训提供经费保障，如外出学习、购买图书、请专家讲座、组织各种活动等都应进行经费管理。培训经费列入学校支出预算，保证每年或一定时期内都要有一定数量的校本培训经费，尽最大可能满足教师订阅科研资料、组织培训活动、外出参观考察和成果奖励等方面的需要。

（6）建立校本研训制度

学习制度：根据上级部门的要求，新形势对教师的要求，学校教育教学工作的实际，学校重点工作的需求情况，学校将按照计划进行有目的、有针对性的学习要求。例如，业务学习制度、自学制度等。坚持工作学习化、学习工作化，创建学习化学校，树立终身学习的理念。学校领导小组责成教科室进行有关的讲座，印制学习材料，负责日常学习的检查。根据教师的具体情况，由学校领导小组请相关的专家进行专题讲座和辅导，从理论上和实际上帮助教师提高学习的针对性和能力，为教师研究提供先决条件奠定基础。

反思制度：第一步是教师根据每周在教育教学工作中遇到的问题撰写反思录，加强教师的反思力度；第二步将教师自己的研究情况进行相应的反思，对研究的案例叙述、研究的得失和采取的办法等进行深刻的反思，学校定期批阅指导。同时，建立学校的教育教学科研培训的网站，要求教师把自己的反思内容挂在网上，充分利用学校的教育教学网站，把过程管理做到实处。

集体研究制度：校本培训的标志就是教师开展集体合作研究，让教师进行交流与合作，共同分享工作经验，互相学习，实现共同成长。集体研究制度主要包括公开课制度、集体备课制度、研讨交流制度、专题讲座制度等。这些制度应该提出具体而又可行的操作方法，以保证研究工作的可控性。

3. 加强服务管理

（1）加大培训力度

请有关专家进行专题的讲座和指导，加大培训的力度。学校外请专家为全校教师进行教育科研讲座，使教师对教育科研项目有一个全新的再认识。讲座注重教师身边的教育教学案例，通过对案例的讲解，使教师初步认识到教育科研并不神秘，每个人都能做，也能做好。而且教育科研也是自身发展的需要，是提高工作效能的需要，是适应新课程改革的需要，是实现人生价值、提高社会地位的需要。更为重要的是使教师清楚研究的方法和步骤，在研究中有章可循、有法可依，激发教师的成功愿望，用教师的成功激励教师自己。

（2）加大图书资料的投入

学校每学期为教研组购买学科杂志若干本，方便教师借阅和学习，为班主任教师订阅班主任工作方面的杂志和书籍；学校每年为图书室配备图书；为满足教师的个性化需要，教师申报购买的专业图书学校全额报销；学校充分利用网络资源，开辟电子阅览室，保证教师随时可上网浏览、检索信息，或在学校资源库中查找资料。

（3）拓宽教师的视野

学校积极争取机会派教师到校外学习进修。要求学习的教师承担传帮带的作用，把自己的备课和教研组中年轻教师的培养纳入到自己的教育教学工作中来，必须要对一个或几个教师负责，学校制订相应的考核制度，并且纳入到教师的考核工作之中。积极创造条件为教师的发展提供平台，如与教研员联系，把公开课、研究课活动放到学校，每个学期进行几次；充分利用领导干部的条件，把他们了解到的教育教学工作的资源利用起来，到先进学校进行学习，参加有关的教育教学活动，开阔教师的视野，提高教师的课堂实践能力及发现问题思考问题能力。

（4）进行针对性培训

学校充分发挥自身的优势，挖掘自身的资源，开展有针对性的培训。学校利用管理干部、骨干教师、教研组长、高级教师等资源对教师进行多方面的培训，包括学校教学干部进行教学和科研工作培训，教育干部进行教育管理能力培训，校长进行先进理论和观念的培训，骨干教师进行课堂实践的示范，教研组长进行教研组活动方式的实践，高级教师进行专人培养工作等。要求每个学期根据不同的任务和特点写出计划、实施目标、操作方案、时间安排等，上报学校领导小组，由学校领导小组进行审核协调，统一到学校的工作之中。

（5）发挥专家引领作用

专家引导，引进优质资源。专家的引领作用，对推进校本教研起着方向性的宏观调控作用。在日常的工作中，专家的引领尤为重要，专家定期或不定期地对共性的问题进行集中处理，个别问题进行单独辅导，经过专家的引领，有利于掀起学习和研究的热潮，使培训工作从外在的外控型逐渐向内敛型发展，学习型组织初步成型。

（6）提高教育实践能力

学习实践，提高理论联系实践的能力。加强教育科研基本方法的培训和研究。为了配合校本培训工作，使教师的研究从经验型上升到理论型，真正掌握研究的真谛，学校为每位教师购买教育科研相关书籍，由教科室布置思考题，要求教师读完这本书，完成书面思考题作业，并把作业交到教科室，教科室统一批改作业，然后讲评、辅导，同时结合科研的具体情况，分条块进行专题的协作活动，让教师把自己的研究"成果"梳理出来，这样做的目的是使教师尽快地进入角色，找到自己的差距，以便进行有针对性的学习和研究。这项工作使教师初步掌握教育科研的方法，有效地指导今后的教育科研实践。

在全体教师撰写反思录的基础上，根据工作中的实际情况提出要解决或有疑惑的问题。分别以教研组和年级学科组为单位，围绕提出的问题进行分析论证，确定研究主题，制订主题研究方案，完善措施。

在此工作完成后，由考研中心进行逐题的审查，经过答辩后，合格的主题马上进入实施阶段。不合格的根据提出的建议进行修改，再进行方案的制订，直至合格为止。经过反复研讨，在内所有主题制订工作全部完成。

组织实施主题工作。在实施过程中，学校加强对主题进展的监控。学校有专职负责人深入课堂，深入到教研组和备课组，了解教师在主题活动中遇到的困难和问题，并及时汇总，上报学校领导小组。小组认真分析问题产生的原因，及时将指导性意见反馈给相关教师，在过程中督导和辅导。如有必要，领导小组将组织各种资源进行相应的集中讲座，解决整体性的问题。

（7）导师带教

导师带教，加快年轻教师教研能力的提高。整合学校资源，让骨干教师在教育教学中发挥更好的作用，提高年轻教师的教研能力，让年轻教师更快成长起来。可举办骨干教师和导师带教的专题活动启动仪式。在活动仪式上，学校应该提出具体明确的要求，骨干教师代表发言，要发挥引领作用，为培养年轻教师不遗余力。

（8）改变教研活动制度

首先，学校为了加强教研组的活动质量，可以专门配备一名专职的领导干部，全面负责教研组的培训管理工作，加强教研组的领导，为教研组的活动纳入到培训工作中来创造有利的条件。其次，制订教研组活动的制度。每个星期有一个主题，全组教师围绕主题进行研讨，针对教育教学工作中的问题进行研讨。无论是什么样的研讨，都需要进行充分准备，有相关的文字材料，形成相应的结果，在日常教育教学工作中进行试验和总结，学校在日常的工作中进行检查督导。

三、校本课程资源培训平台建设

（一）校本课程资源培训平台基本功能

校本课程资源培训平台基本功能是充分发挥教育研究中心在教师课程建设、校本教材编写、队伍建设等方面主题式培训作用，通过整合相关教师教育资源，使其成为教师"培养、示范、辐射、共享"的平台，共建、共享优质教师培训资源。

校本课程资源培训平台功能主要通过课程主题培训、优质资源共享的资源联盟体培训等方式实现。它有效推进着课程实施，提高教师的合作学习意识，促进学校与区域之间进行交流与合作。

（二）校本课程资源培训平台实践策略

校本课程在开发和实施过程中会面临各种各样的问题，如校本课程的目标设计、资源开发、师资建设、管理与评价等。作为区域校本课程管理部门，如何从实际出发，有效指导基层学校进行校本课程的开发与建设，如何有效激发教师开发与实施校本课程的热情，是需要认真思考的问题，可以充分借助校本课程资源培训平台，采取"课题引领试点先行""项目驱动骨干先行""联盟结对盟主带动"等实践策略，开展区域培训。

1. "课题引领试点先行"策略

挖掘本地区人力资源、物力资源，指导学校组织开发和实施校本课程，同时各校结合自身的实际需要，本着自上而下和自下而上相结合的原则选择、确定学校自己可研究的子课题。总课题组为各子课题实验开展校本课程建设提供理论支持和资源包支持，搭建培训、交流平台，开展校际互动，带动各校校本课程的开发与有效实施，促进教师的专业成长。

2. "项目驱动骨干先行"策略

当前校本课程课堂教学中存在许多问题，诸如师资不足、课程内容枯燥乏味、素材资源短缺、学生参与程度低等，诸多问题导致了校本课程教学质量得不到提高。为了进一步推动各类校本课程的建设和实施，培养校本课程建设方面的骨干教师，提升校本课程开发与建设能力，形成具有独特校园文化的特色学校，可举办校本课程骨干教师的培训项目，提高教师的课程设计理念和课程实施专业能力。

3."联盟结对盟主带动"策略

为了推动资源联盟建设，统筹校际之间、区域内外之间优质教育资源的共享，更好发挥部分学校优质教育资源的示范辐射作用，可建立"紧密型办学资源联盟体"，联盟建设采取"A＋X＋Y"的连环结对模式。在联盟体内，由"A"学校带"X"学校，"X"学校再带"Y"学校。所谓"A"学校，一般是城区的优质学校，"X"学校是乡镇学校，"Y"学校条件较为薄弱的农村学校。

教研组应该充分发挥优质资源共享的资源联盟体作用，组建"教研中心盟主学校—盟员学校"校本课程共享网络，盟主学校首先必须具有较有特色的校本课程，充分发挥盟主学校的优势，及时指导盟主学校把多年来培育的校本课程推向联盟体进行共享，让盟主学校在校本课程建设中凸显优势，从师资培训、教材及教学资源、课程管理等方面辐射到整个盟体内的其他学校。紧密型办学资源联盟以"管理互动、教师流动、教研驱动、课程走动"实现联盟体优质教育资源共享，资源联盟体在分享资源，丰富资源，交流经验中拓宽学径，提高学趣，增强学力。

四、高中新课程中的校本培训途径

（一）系列主题讲座

高中教师的培养、培训应该更加重视现代教育基本理论的学习和教育思想观念的更新以及整体知识和技能结构的变化。教师对新课程的透彻理解是实施高中新课程的前提条件，高中新课程的理念只有通过教师的理解和内化，通过实际的课堂教学才能转化为现实的教育效果。各地高中学校可根据本地实际情况和本校的实际需要，邀请教育理论工作者、课改专家、优秀教师进行学术专题报告、理论学习辅导讲座、教学现场指导以及教学专业座谈等。学校教师自身也要主动学习先进的教育思想、教学技能和教学方法，将以往被动接受的局面转变成主动吸收的过程，让理论学习与实践指导有机结合。

（二）培训计划

校本培训根据教师的实际需求安排培训活动，培训的结果能够直接用于提高教育教学质量。在校本培训中，可以用来调查教师工作中和学校发展中存在的问题和需求的方式有：①召开座谈会，与教师和学生座谈，了解双方在教育教学方面的问题。②发放调查问卷。由于参与座谈的是少数师生，可能不具有代表性，而调查问卷恰好在一定程度上弥补了这一问题的不足。发放问卷的对象可以是所有教师也可以是部分教师以及部分学生。③现场观察和记录。通过听课，到现场了解课堂中教师的教学行为和学生的学习行为，把握教学中存在的问题。

（三）自我反思

教师的成长离不开教育教学实践。教师的发展只有在不断的实践中，在对自身实践的不断反思和总结中才能完成。校本培训恰恰是注意到了这一点，并充分发挥了教师本人的作用。

校本培训中可以用对话反思、写作反思等方法来提高教师的批判性反思能力。对话反思要求把传统的传授理论与信息的方式转变为对话研讨，教师用自身知识对认识和实践进行分析评价。在培训教师的指导下，他们与同行们一起对教学录像进行讨论，通过对话和研讨促进自我反思。而写作反思又有三种形式。第一种写作反思是写日志，让教师对日常事件进行反思，能反映教师反思的水平。第二种写作反思是教师根据自己的经历写个案研究，可以显示教师的反思水平由低向更高水平的批判性反思发展。第三种写作反思是建立学习档案，可以提高反思能力，促进并反映教师教学和哲学观念的改变。研究表明，讨论、问题解决、角色扮演、个案研究和在合作环境下的教师培训，比说教式的教师培训效果更好。

第六章 新时代中学校长的本体使命

中学教育可以说是整个教育大厦的基石，校长作为学校教育发展的领航者，在学校发展方面起着重要的决策与推动作用。

第一节 凝练办学理念，规划学校发展

一、把握好办学方向

制度是要依靠人来制定和执行的，没有正确的思想观念，即便是一个好制度，也未必能取得好结果。对"应试教育"加以克服属于升学制度的改革问题，也是校长、教师端正自身教育思想的问题。作为校长，首先应该做到以下几点。

（一）正确对待升学压力

在如今这个社会中，有些人在衡量一所学校是否办得好时，确实会将升学率作为唯一标准，社会、家庭所想的与国家的方针要求的并不完全一致。因为存在这样的矛盾，且学校的校长与教师是教育工作者，所以为了认清自身的社会责任、做出正确选择以及把握良好方向，要更加理解清楚教育规律与国家的教育方针，以及青少年的长远利益。在有矛盾存在时，不能因为升学率而一味地去妥协服从，而是应该有代表国家的坚定意志力，使大家能统一地认识国家的方针政策，对待存在的干扰要自觉地排除，坚定不移且坚持不懈地对国家教育方针予以贯彻，并将学生素质进行全面提升。

教育是一种社会的公共事业，不管是在哪一阶段的历史时期，教育的价值取向都是十分多元的，并且其中包括国家、家庭以及个人在发展、生存时所需要的条件。按照常理来说，这需要一个科学的评价制度作为导向，由此才能推进个人与社会的发展，以及合理地照顾到各方的利益，也就是只有在国家方针能满足个人发展时，社会才会对此进行认可。但就目前来说，要想彻底解决这

一问题是存在很大困难的。我们应当清楚，学校教育始终有两个现实存在，其一就是国家与民族现实，只有良好的教育才能实现中华伟业，为此需要培养出大量的专门型人才、创新人才以及高质素的劳动者；其二就是广大家长与学生的现实，是因为对升学的强烈期望，让学校能帮助学生提高成绩，并在衡量办学成效时，将升学率当作唯一标准。在因为一次性的考试分数就作为录取学生的依据的情况下，该压力几乎压得中国的基础教育难以呼吸。而且现阶段中国中学教育的一个很大难题，就是怎样对两者之间的关系进行处理。

作为学校领导，尤其是校长，在面对种种矛盾的状态下，更应清楚地明白，在这里起到主导作用的是国家需要，而我们所思考的问题依据，主要就是学校教育的规律以及国家的教育方针。这是因为，学校想要提升教育质量的根本保证就是要按照教育的规律办学；而全体公民根本的、共同的以及长远的利益则会在国家方针中体现出来。作为一个真正懂教育、有觉悟以及会对人民、国家负责任的校长，应当始终坚持对国家的教育方针进行全面贯彻，并将这些方针积极地传递给家长和社会，正确地将国家、个人的利益关系处理得当，并对高校招生制度改革提供有利帮助，同时心里始终要有一个度，那就是不会将应试放在首位，时刻遵循教育的规律和国家方针。虽然所办的教育不能让所有的家长都满意，但是一定要对所有家长都负责。

教育不仅要对社会需要进行适应，同时也担负了引导社会走向的任务。国家与公民在根本、长远上的利益是一样的，家长希望孩子能够接受到更好的教育，所以希望其能升学，这是积极且合理的想法，也表现了一种社会的进步，所以应当给予肯定。学校与家长之间存在共同的目标，那就是：①希望为孩子打好基础，使其成才。②希望孩子能够获得更好的发展。

育人是教育的基本功能，具体说就是教会学生怎样才是做人与成才，这两者应当是统一的，一所好学校，绝不能只看学生一次考试的成绩，而要看培养出来的学生一生做出的业绩。但是应试教育常常对做人的教育有所忽视，或者只是徒有一些空洞的口号，但在实际工作中则会对应试全部服从。其会将考试分数当成教育质量来看待，只对统考科目进行着重教学，学生从早到晚都处在极为繁重的作业之间，没有其他的体育活动与思想教育，最终只会导致身心俱疲。虽然这样做对一些学生来说确实会使成绩有明显提高，但是也会有部分学生从此厌烦学习。有些学生因为综合素质差而缺少后劲，有的到了大学就更不想学习了，还有的在毕业之后因为工作能力不强，所以就业时还会存在一定困难，由此可以看出，这样的教育并不是最好、最优质的，只能说是一种短期且被扭曲的教育，这些都是不符合科学发展观的。

现在办学思想的关键问题，就是对素质教育、应试教育之间的区别有一个正确的认识，这样才能自觉地、创造性地实施素质教育。而这两者的根本区别主要有以下几点。

①培养目标方面，为了学生能够成人和成才打好基础是素质教育所特别注重的，还有就是重视提升其全面素质，其中包含了文化科学、思想道德、身体心理和劳动技能等。应试教育则只注重训练应试的能力，而对体育、德育等有所忽视，并且还会在教育中将应试作为最终的目标，从而忽视人的基本素质的全面发展。

②课程计划方面，素质教育自觉认真地执行国家制订的课程计划，对各类课程进行全面重视，从而确保学生能够提升自身全面的素质，发挥出个人特长；而"应试教育"则只会对学科类的课程有所重视，而不大关注活动类的课程。

③教学方法方面，素质教育同时重视培养学生能力和传授知识技能，且同时注重训练必要的应试能力和提升实践能力与认识能力，还会研究教法与学法等方面，想办法减轻学生负担，使其能够活泼且主动地发展。如果学生只训练应试教育的能力，进行题海战术，那么只会让自己的负担过于繁重，从而压抑自身发展，忽视实践能力的培养。

④从评价标准看，全面评价是素质教育所注重的，其将学生的终身发展作为核心，在素质教育中培养出的学生一般后劲很足，而"应试教育"只是教育的短期行为。

现在有人说，学校只有靠提高升学率才能生存，才能成为名校。笔者并不反对提高升学率，但要坚持在全面贯彻国家的教育方针、按教育规律办学的前提下提高升学率的教育理念。那种违反教育方针和教育规律，以牺牲青少年身心健康成长为代价去获取高升学率的学校，是永远成不了一流名校的，终究是要被历史所淘汰的。

其实，决定一所学校升学率高低的因素是很多的，包括办学条件，特别是生源质量和国家的招生计划。20世纪50年代，高中毕业人数少于大学招生人数，那时学校的升学率都是很高的，60年代后低下来了，90年代后又高上去了，这主要是受国家招生人数与高中毕业人数比例的影响。一所高质量的学校应该有比较高的升学率，但是升学率不能完全反映一所学校的办学质量。一所学校是否能成为名校，归根结底是决定于其培养出来的学生综合素质是否高，能否对社会做出比较大的贡献。

（二）减轻学生压力与学习负担

学校压教师，教师必然会压学生。重点中学的大部分学生，他们的压力已经够大了，过大的精神压力，不仅不能提高学习效率，反而会对教师和学生产生消极的压抑作用。将学生过重的学习负担予以减轻，这里所指的是对指令性的学习负担进行减轻，除了要对学生健康加以保护外，更重要的是要改善学生的学习结构。创造性人才的培养，不仅需要完成指令性的学习任务，还应有适合于他们个性的、非学校指令性的学习内容。例如，他们会有自己的爱好，他们想研究社会，他们想进行创造。一个没有学生自己的研究创造空间，不能促进学生个性发展的教育制度，不会是一个好的制度，因此学生的指令性学习负担必须减下来。

现在对于学习基础差的部分学生，一般的做法是，对他们施加更大的压力，片面加强智育，增加教学时间，加班加点，挤掉其他活动（包括德育活动），强化教师灌输，忽视个性发展，表面看保证了教学进度，实际上增加了学生的学习负担和厌学情绪，加剧了学生的分化，教师和学生都搞得筋疲力尽，但是并未创造出什么奇迹来。另一个改革思路是，针对学生思想实际，加强德育工作，转变学生思想，明确学习目的，增强学习动力；改革课堂教学模式，培养学习兴趣，掌握学习方法，提高学习能力；认真执行课程计划，学习负担合理，重视创造精神和实践能力的培养，全面提高学生素质；实施分层教学，鼓励进步，增强自信，发展个性。

这样做绝不是不要研究考试，每年毕业班升学考试后我们都要从全面贯彻教育方针的角度认真总结工作，包括高考的状况，总结经验教训，认真研究每次升学考试的积极导向性在哪里，这绝不是一切围着高考转，用高考指挥一切。

二、校长文化来引领学校文化

（一）用办学理念引领学校文化建设

校长的办学理念在构建学校文化时，始终是处于主导地位并起核心作用的。学校最基本的价值观就能体现出校长的办学理念，这同时也是学校文化结构的价值原点所在。其可以整合学校的办学目标、宗旨与行为规范等形成一个整体，并在教育实践中体现。"以人为本"，就是对师生生命的重视，以及对其生命质量、价值与素质的提高。还有就是要实施"整体推进"，即积极地去协调学校的各条线、各部门以及各元素，促使其进行整体合作，提高学校教育的全面整体水平。同时，师生还要实行和谐发展，使教师和学生都能够自主、愉悦以及持续地发展。办学理念，实际上就是对办学的看法，学校的定位问题就是其所要解决的根本性问题，也就是应该办一个什么样的学校，以及怎样办的问题。

（二）用办学特色推动学校文化建设

校长与校魂之间是存在紧密联系的，这决定了学校的特色是怎样的。其办学特色其实能够直接体现出校长的个性。充满特色的办学，是校长理念的体现，同时也是学校核心竞争力的体现。所以，学校的校长文化、特色建设等属于一脉相承。在办学实践中，坚持人无我有、人有我优、人优我特的战略，努力创建学校特色，如可以组建一个特色团队来使师生的个性得到张扬，并由此成立几十个兴趣小组和十多个特色团队，同时定期举办艺术节、科技节、体育节等活动，从而培养一批特色教师和特色学生。

再比如，开设特色课程并由此倡导出一种新型的课堂文化，对课堂教学的"五四"行动策略加以实施，形成一批充满特色的课堂与课程。学校形成独特特色实际是一个长期的独有文化的积淀。怎样形成充满特色的同时，还能反映出办学思想的校本课程，并打造出富有爱心的、高品位的学者型教师和富有童趣的、高质量的个性化学生等问题，是一个有思想的校长所必须进行探索和深刻思考的。一旦一所学校的特色被打造成一个品牌，那么它这种良好的生存状态与个性张扬的空间在教育竞争中就能很充分地表现出来。这样也可以看出学校对教育规律也是有所把握的，由此校长也就具备了教育家的各个基本素质。办学特色并不是嘴上说说而已的，也算不上是什么轰轰烈烈的运动，只不过是在学校的日常工作中存在的，反映了学校的个性化发展。

第二节　引领教师成长，领导课程教学

一、课堂教学与教师专业成长

课堂是学校教育活动的主要场所，课堂教学是教师最基本的专业活动形式，也是教师专业成长的主要阵地。众多的优秀教师、教改先行者的成长历程无一例外地彰显，在"课堂拼搏"中"学会教学"，这也是他们走向成功的必然规律。因此，教师的专业成长也应该在"课堂拼搏"中不断进步。

（一）课堂教学是教师专业成长的主战场

校长除了要关心学校发展之外，还要对教师的发展进行充分重视，并且还要特别关注教师所能展现其精彩瞬间的舞台，即课堂。首先，教师专业想要进一步成长的第一步就是上好课，成为能够人学生喜欢的教师。要想做到这一点，就必须要进行课堂的教学实践，同时学校也应当将良好的实践机会更多地提供给年轻教师，使其在课堂中经历过摸爬滚打之后，更好地对自己的能力进行锻炼，从而提升自身的教育水平。有些学校会开展丰富的公开课研究活动，如关于年轻教师的过关课、竞赛课、汇报课与擂台课等，并且还可以对教学名师和学科带头人等进行组织，共同参加研究课和示范课等，以便于普通教师的学习观摩。这些在实践基础上的听课、授课等，都是作为重要平台存在于教师对教育教学经验的积累方面，如果可以熟练地运用，那么教师可以在短时间内快速成长起来。

当然，教师还应保证自己的课是有质量的，所以就需要磨课。磨课就是一名教师在经过几轮备课与上课之后，同一个科组的教师都积极地发表意见，最终打造出一堂精彩的课程。在研究的整个过程之中，其载体为课例，经历了理论学习、设计课例和行为反思，其中包含了理论指导、反思实践以及对教学的盲目性进行避免，虽然是非常辛苦的，但是这对执教者来说非常有利。磨课的过程也可以看作是教师又一遍的学习、实践和课堂教学艺术的总结，在经过了无数次的打磨之后，不仅可以实现对教师本身教学行为的改进，使教师不断地去追求更高质量的课堂教学境界，还能启发与促进同科组的教师。所以，该形式逐渐成为了学校用来对年轻教师的专业成长进行培养的非常重要的途径。教师在研究者的角度时，教学的任务就不再简单化，这是一个追求教育艺术与真知的过程，课堂教学也就成了教师专业成长的主战场。

（二）校长教学引领策略

1.校长应该是一名好教师

课堂是校长引领教师专业发展不可或缺的舞台，校长要走进课堂，亲自尝试教学改革。实际上说，校长的"长"就是教师专业成长的先行者，以及引领先进思想、激发教育智慧的体现。校长行使的一些管理行为，都是依靠着自身过硬的业务素质、人格魅力以及相关制度进行的。只有自己亲自授课过，校长才能更有力地成为学校工作的带头人和教师今后教学上典范；才能够不断对教学理念进行更新，从而创造出教学工作的特色、新的教学模式以及对学校的全方位发展进行引领；才能摆正学校教学工作的位置，制定切实可行的教学管理制度，对全校教师所展开的教研活动进行引领，建设一支学者型和高素质并存的教师队伍；才会在教学中进行科学引导，实行人本管理，渗透情感关怀，促进教师专业发展。中学校长只有扎根于教育教学的土壤，才能进一步体会到教育教学的真谛，并对教育规律充分熟悉，从而促进学校教育教学质量的不断提高。

2. 提升教师的教学自信

（1）教师走向成功的必备品质

教师对自己有能力将特定的教学任务成功完成的信任程度，就是其自身对于教学的自信，同时也是激发成为优秀教师自我意识的重要品质。教学自信的作用主要体现在以下几点。①是教师提升教学水平的助燃剂。有研究表明，教师在教学方面的自信心对于其教学水平的提升，是能起到非常显著的影响的。通常情况下，教师有着越强的自信心，就说明其对自身影响力、教学能力的认可性就越强，因此也会产生更高的专业自信，从而更加热爱自己的职业，并在教学工作中能积极地投入进去，发挥自身全部的潜力，提升教学水平。教师只有对自己充满自信，才可以更好地发挥自身优势，展现个人魅力。另外，教师自身的教学自信还紧密联系着对待专业的变革态度。有着较高成就感与自信心的教师，在平常的教学中会更有自己的想法，其会依照教学情境的变化而主动地去展开教学研究，从而更加理教师的行为，并在自己的专业发展中多做一些努力；但相反有着较低自信心的教师，其对于改革教育的意愿并不积极，因此会经常在自己专业发展的边缘徘徊，缺乏对于改革的投入与热情，也由此阻碍了专业成长。

②是教师增进教学有效性的重要条件。教师走向成功教学的标致性条件之一就体现在有效性方面，所以教师展开教学活动的首要目标就是教学有效性的增强，而对于有效性的追求也是教师在教学工作中所离不开的永恒主题。教学的有效性紧密联系着教师教育行为的有效性，通常来说，教师的教学自信心都是不一样的，所以这在很大约程度上对他们具体的行为系统存在着一定影响。由此可以看出，教师的教学自信心将对教师的教学行为有直接影响，同时其还对教师的知觉到自身的教育行为与结果起到了引领作用，这种引领的实现主要依靠的是工作动机、目标设定、工作情绪和努力程度等。

③是教师自主成长的发动机。教师专业行为在被激发和维持中的关键性因素就是动机，在很大程度上说，教师的工作动机对于强化教师专业行为、确保

教育行为与活动有效性、教师的自主成长等方面都起到了十分重要的作用。教师对待自身教学能力的信心，在激活、维持与强化动机过程中的作用相当重要，这就是教师的教学的自信，其主要是教师这一主体在对待工作、自身教学能力等方面的感受和主观判断。这是教师对学生影响力、自身教学能力的一种内在的自我信念，也是教师的工作潜能被调动与激发的最具影响力因素，决定着教师工作的发挥与工作动机的产生，同时也直接影响了教师在努力程度、自主成长。

在各种教学资源中，教师的教学自信都是非常重要且宝贵的资源。教学过程方面在课程的改革教学中更需要学生进行热情的投入与主动参与，并且还应在这种氛围之下进行自主合作的探究与学习，所以，教师的教学自信是学生学习和成长的迫切需要。作为教师，应该像爱护自己的眼睛一样，有意识地珍惜和培养自己的教学自信。

（2）提升教师教学自信的策略思考

①凝练氛围：对学校成长基础的营造。学校的领导者一定要对教师文化建设有一个长期的规划，并对民主管理进行强化，对学校内部的人际关系进行强化，并且给予教师更多的自由与主动权，使其能更好地展示自我。无论是在生活上还是事业上，学校都应该对教师给予关心和支持，且能充分地调动起其积极性，汇聚所有人的力量与智慧。与此同时，学校的领导还应看到每位教师身上不同的闪光点，平等地对待每一个人，加强他们之间的沟通与交流。

②积极尝试：这是获取成功的一种实践性经验。美国有学者认为，个体获得自信感最重要也是最基本的途径就是实践的成功或失败。这是因为成功性操作经验是自信心最有效的来源，也就是"无条件积极关注"。由此，教师提升教学自信的策略就充分体现在教学工作的实践之中，也使得教师能够多对一些任务进行挑战，学习新的技能，并且对新的教学策略、方法与技能等也要不断地进行尝试，从而多多积累成功经验。教师一旦在体会到成功时，其自信心就会持续地增加，这也有利于教学自信与教学水平的提升。

③教学观摩：有替代性的强化效应产生。通过观察他人行为来对复杂的反应与刺激进行掌握，以及得以相互关系进行强化的学习方式就是替代性强化。在现实的教学之中，对教师教学自信提升的有效方法，就是组织开展教师现场观摩和相互间的评课、听课。当教师看到与自身特征相似的教师取得成功时，常常会相信如果是自己处于同种情形之下也能获得成功，并以此来提升自身的教学自信。

④正确归因：对目标与策略进行及时调整。师生互动的过程就是有效教学的进行，教师在教学中的成败归因，会着重影响其后续目标的产生与教学。一般情况下，当教师成功时应时常进行能力与努力的归因，而失败时则寻找努力程度方面的归因，这样将会有利于个体自我的发挥以及自信心的发展，因此应当对教师进行正确的归因指导，使得教学自信产生良性循环。

3. 校长听课评课

（1）校长教学的第一要务

听课这项活动属于仔细观察课堂的一种活动，对深入了解与认识课堂方面有非常重要的作用。听课者会自觉地在课堂上观察很多已经司空见惯的问题，之后也会由此洞察到很多值得深思的地方。听课、评课是教学评价实践过程中运用最多的方法，也是校长工作中的第一要务。

首先，对教师成长来说，听课、评课是能够起到教科研意义的作用的，且其同时属于教研活动和科研活动，它除了是一个用来指导实践和对理论进行验证的过程，同时也是将实践操作升华为理论的一个过程。大部分教学经验、理论与先进教改信息等都是都可以在听课、评课中进行学习和吸收的，之后便可以真正运用在执教当中，或者也可以将自身的一些经验经过概括、总结之后成为理论。在这样的反复中，教师必定会增强自身的业务素质。

其次，听课、评课对教师的成长有激励发展功能。一般对于教师教学能力发展来说，其中一条可以走的道路就是磨道式的循环，也就是说这条教学发展道路是自我封闭且呈螺旋式上升的，其策略即为对内改造和对外开放。听课、评课对教师的发展有十分重要的推动作用，有利于激励他们的上进、开阔教师的视野以及对他们的教学能力进行发展，引导他们始终走螺旋式上升的道路。在评课中，评课者必须十分注意去发现和总结授课者的教学经验和教学个性，要对教者所表现出来的教学特点给予鼓励，帮助总结，让教者的教学个性由弱到强，由不成熟到成熟，使其逐步形成自己的教学风格。

最后，听课、评课对教师成长能够起到教学诊断的作用。学校有各种各样的方法去抓教师教学，其中"临床指导"是最主要的一种途径。其含义也就是学校领导会深入进教师之中，并对教师在教学中的一些毛病进行诊断与评估，对其教学进行改进。在这里，教室就是临床的"床"，深入进教室之中就是"临床"的意思。

（2）引领教师成长

怎样使听课、评课成为有效的教学管理行为，以及对教师成长起到引领作用，作为校长做到以下几点。

①发现。一堂好课总要有这么几个要素，如先进的教学理念、精细的课堂设计、丰富的教学手段、平等的交流互动等。校长听课的目的并不是为了挑出教师的毛病，没有任何一个课堂是非常完美的，但一堂课总会出现完美的一角，如一个成功的教学环节、教学设计和教学细节，而校长的主要任务就是对这些完美的细节进行发现，同时给予鼓励与赞扬。"掌声是最有力的赞美和奖励，每一个教师都希望得到真挚的表扬。"

②分析。教师在上课中较为成功的地方，部分教师会自己有所察觉，但是却没有相对理性的分析；而另一部分的教师面对自身课堂的优势是根本发现不了的。这里校长的责任就是对教师进行帮助，让他们发现这些亮点，然后再通过一系列的分析、升华之后转化为教育理念和教育智慧。教学管理的关键环节就是科学地分析教师的课堂教学，而做到这一点是非常不容易的。所以，需要有效地去分析与点评每一堂课，而这些也可以检验校长的教学指导能力。

③探究。在处理课堂问题方面，教师的可以使用多种方式，而校长在听课时则会考虑哪种方式会好一些，提出自己的见解。在课后，校长往往会将自己对于处理某环节的设想与教师进行探讨，或是向教师介绍一些其他教师比较好的做法。

4. 在教学展示与体验中成长

教师在教学中有没有专业成长，主要表现在具体的教学实践中，如教学设计的完善与教材处理能力的提高，课堂教学组织能力的提升，以及教学艺术与智慧的积累等方面。

（1）让教师在说课活动中展示自己

课堂教学是否高效的决定因素之一就是课前教师的备课方案是否符合学生的特点和课程标准，是否能激发学生的求知欲望和热情。优秀的教学方案是产生良好课堂效果的重要前提。学校组织教师开展说课展示活动，能让教师在充分准备的情况下，依据教学目标和课程内容，从学情分析、教学目标确定、教学重点难点的把握、教学方法的设计、教材内容的处理、教学进程的设计等方面，展示教师自己最优的教学构思，提升自己的教学设计能力。说课活动不仅是教师个人教研成果与教学理念的展示，还是教师群体学习、反思与积淀的过程。

（2）让教师在"赛课"和"同课异构"中展示自己

有组织的赛课活动不仅能让教师面对不同层次的学生和不同情境的内容，更是教师群体的一种有组织的教研活动，是参赛教师教学思想、教学理念、教学技能的最佳水平展示. 也是一个从个体实践到个体教学理念展示, 再到群体教学经验交流与教学智慧生成的发展过程。学校的同课异构展示活动, 是学科组的几位教师, 同时讲授同一节课的内容, 而课堂教学模式、课堂结构与教学设计因人而异。在同课异构的课堂上, 教师既要展示自己的教学风格, 又要善于在观察中吸纳他人的教学精华。课后再进行评课活动, 畅谈各自的教学感受, 通过不同思路、不同设计、不同效果的对比和碰撞, 促进教师们的教学理念、教学能力、教学方式、教学观、学生观的升华。

（3）让教师在教学故事和教学案例中展示自己

教学故事和教学案例体现了教师在教育教学过程中所发生的真实事件, 呈现了教师在解决问题方面的思考与智慧。深度探讨教学故事、教学案例, 可以凝练教师的经验, 提升教师的智慧。教学故事和案例的展示, 不仅是一个历练、提升教师教育教学智慧的重要过程, 还可以在展示交流过程中, 提升教师注重思考的职业品质, 引领教师反思自己的教学实践和理念。如果教师能在教学实践中总结出自己的教学故事, 研究积累出自己的教学案例, 并在认真思考和实践的基础上总结出解决具体问题的经验, 就能在自己专业发展的道路上快速成长。

（4）让教师在"课题课"活动中展示自己

虽然教研活动不等于科研, 但科研课题的研究可以通过一些教研活动的形式来开展, 可以通过一些实际课例进行研讨、推进、总结。在这种情况下, 课题课也就应运而生。课题课, 即在教研活动课中更多地关注个人或学校课题中所研究的问题成分, 让教师在"发现问题、找出问题、解决问题、总结提升"中成长。教师通过上课题研究课或课题汇报课, 展示自己的教育研究成果, 既可以感受、体验、实践课题研究, 又可以推动自身教育行为的变革, 促进自身的专业发展。

二、教育科研与教师专业成长

（一）教育科研是教师专业成长的助推剂

1. 教育科研有助于教师更新教育观念

作为一名人民教师, 有了全新的教育观念, 才能高瞻远瞩, 高屋建瓴, 才可能具有高远的眼界。在自己的教育教学实践中, 才能遵循党的教育方针, 面向全体学生, 尊重教育对象, 全心全意为学生服务, 培养积极、活泼、具有创新精神与实践能力的下一代。端正教育思想，更新教育观念，一个重要方面就是教师必须开展教育科研。许多教师正是通过开展教育科研，确立了现代教育观念和全新的教育思想。因为，教师开展教育科研，必须学习教育理论，接触新的教育理念。教育科研就是教师对信息教育理念的实践，或是对原有实践经验的理性提升。当教师对这些教育理论进行研究时，得到的不仅是教育理论本身的知识，还能得到将理论转换为实践的方法。当教师研究得越多，头脑中所占有的理论就越多，经过研究的理论在教育实践中就更有生命力。

教师通过教育科研，能催生对教育问题的深度思考。当教师对自己的经验或教育问题进行深度思考时，就会对理论知识产生渴望，就会主动探求新的理论来武装自己，更新教育观念。教育科研的过程也是引导教师自觉学习教育新理念的过程。作为校长，更应引领教师进行课题研究，通过课题研究来提升教师的理论水平，更新教育观念。

2.教育科研有助于教师提升育人水平

教师是在教育实践的第一线的，与学生、家长都是直接接触，并且还会直接参与各种教育活动，所以在这一过程中经常会遇到各种问题。而且教育又是十分复杂的社会活动，要根据国家和社会的需要培养各种人才，这就对教师科学育人提出了更高的要求。通过教育科研，教师可以对教育理论进行钻研，并且还可以对各种教育问题和现象等进行了解、分析与研究，以及对教育规律进行逐步探索与揭示。许多优秀教师正是通过开展教育科研，科学总结自己的教育经验，使之升华为教育理论，提升育人水平，指导并促进学生的健康成长。

3.教育科研有助于教师加速成长

许多优秀教师的成长规律已经告诉我们，教育科研是使教师从"教书型教师"成长为"研究型教师"的必由之路，是加速教师成长的助推剂。很多教师就正是通过教育科研，才使其在参加教师工作并不长的时间里，就可以从新手教师成长为一名特级教师。

（二）校长科研引领策略

1.引领教师参与校本研究

校本研究是中学教育科研的基本特征。教学研究是教师的主要任务，教学工作是学校的中心工作，学校一切工作都要以教学为主。课堂教学是教师最基本的专业活动形式，也是教师专业成长的主要阵地。从这个意义上来讲，中学教育科研主要是一种教学研究。《国务院关于基础教育改革与发展的决定》也指出，广大教师要积极参加教学实验和教育科研。

（1）教师应以应用研究为主

对中学教育科研来说，对教育工作之中亟须解决的、具有一定价值的问题进行研究，对学生进行教育教学实践服务就是其主要的任务与目的。我们所谓的应用研究，实际上指的就是通过对教育基础理论知识的运用，来对教育工作出现的实际问题进行的研究。按照中学教育科研的任务、目标和自身特点讲，其主体应当是应用研究，重点研究正在成长的青少年一代的教育问题，促进青少年健康活泼发展。教师的应用研究应关注研究的实用性、可操作性和效益性，努力为中学教育教学改革服务，为提高教育质量服务。

（2）教师应以微观研究为主

中学的教育研究往往是针对某一个实际问题的研究，如数学运算技巧研究、语文情境教学研究、后进生教育研究等。微观研究正是对教育问题进行具体细微的研究，它的研究范围小，具有单一性、灵活性等特点。这些正好符合中学教师所研究的问题。因此，对一所中学的研究来讲，主要以微观研究为主。校长应结合自身工作实际，展开活动课程、校本课程与研究性学习等一系列研究。另外，学校还可以进行课堂教学方法、效率与模式、班级德育研究、学生心理健康教育研究、校本管理研究等。强调中学教育研究要以微观研究为主，并不排斥学校进行宏观和中观的研究，有能力的学校也可参与一些中观、宏观课题的研究。

（3）教师应以行动方面的研究为主

教师最主要的研究对象就是在教育教学工作中的实际问题。而行动研究正是研究者针对这些实际问题与专家学者或研究组织中的成员共同进行的系统研究，它的目的是解决实际问题、改善行为方式。因此，从这个意义上讲，中学教育科研主要以行动研究为主，这是适用于中学教师的一种研究方法。与实验研究相比，行动研究不一定需要理论假设，不需要严格控制实验变量，便于中学教师掌握与运用。行动研究为校长们引领教师参加教育科研提供了可能性，是一个行之有效的教育研究方法。

2. 带领教师开展实践研究活动

这是在课例基础上的备课组研究活动，在一个固定的时间、地点，备课组中的教师需要深入地研究并分析所用教材的某一个课例或是单元，从而对教学的重点难点、三维目标以及方法程序等进行商定。

在专题研究基础上形成的学科组研究活动。学科组的存在是学校对各个学科的教育教学、研究等进行展开的基础，同时学科组还会传达与落实学科教学的目标要求等。通常情况下，学科组会使用专题研究的形式，并按照本学科教学的某一方面重点有针对性地进行研讨，其议题主要是怎样去落实。所以，这类活动不仅能够提升理念，还可以总结实践经验，同时研究与探讨教学中会出现的一些具体问题，寻找解决方法。

在个人基础上形成的自主研究活动。在大部分情况下，教学研究的进行都是在教育的实践过程之中，而这就要求了教师需要具备一定的自主研究意识。

3. 提升教师科研能力的有效路径

（1）以阅读激发教师研究热情

专业阅读在教师成长中起着非常重要的作用，教师从中获取到的方法策略、思想认识等只要有机地结合起实践经验，那么就必然能从一定程度上增强对问题解决的能力，也从而形成了教育智慧。当然，有效实施该过程最需要的就是激发引导以及相关的机制保障。校长应当将一些好的精品书目推荐给教师，使其进行针对性阅读，教师日常的工作非常繁忙，因此课余时间是非常有限的，但市场的书籍又过于繁杂，所以可以将教师组织起来进行读书交流活动，由此有针对性地来提升教师的有效阅读。具体策略有以下两点。

一是以读促教，对实践转化能力进行强化。读书作为一种手段，其目的就是为了对执教能力进行提高，以及对教师进行引导，使其能够在实践中将阅读中所产生的一些观点、思想与方法等进行运用，以此来解决实际问题。通过教师的课例分析、教育实践与撰写教育叙事随笔等活动，对教育教学研究的活动加以展开，从而使其能够对自身工作有一个理性的判断，并针对一些问题与现象等进行剖析和解决，提升教育教学质量。

二是建章立制，使有效的机制保障由此形成。教师为了提高自身的专业素养而选择阅读的过程是一个系统化工程，其从自发阅读到专业阅读再到专业思考都属于不断培育的过程。要想维持这一过程，就需要启发观念、引领思想和培训方法，并创设出对教师阅读发展有利的环境，以及建立起切实有效的制度保障机制。

（2）以网络促进教师自主发展

教育信息化是在不断发展当中的，因为出现了网络交流平台，网络研修、网络学习等都已经是教师进行专业成长的重要途径了。网络研讨的进行可以体现在：①自主主题的研讨。教师会将研讨主题的公告发布在网络平台上，设定出研讨的方式、内容等，使更多的教师因为产生兴趣而积极地参与进来。并且参与者还会与自己的教育实践感受相结合，将自己对于问题的困惑、理解等加以阐述，从而实现学习交流的目的。②分析互动课例。教师会通过网上平台去研究和探讨备课、上课与评课。观课的教师要从不同的角度出发，对教学的效果、过程等要抒发自己的看法。通过群体间的碰撞与平等对话，不断拓展思考的宽度和广度。③即时开展在线交流。通过即时在线交流的这种方式，与校内外的教师结交，在网络上形成一个新的群体，并且可以通过互相留言、提问和发短信等形式进行即时交流。这样一来，不仅能够将工作中会遇到的即时性问题加以解决，同时还可以发挥交流感情与互通信息等功能。

第三节　优化学校管理，重视特色办学

一、校长应是优秀的协调者

所谓的管理就是协调。对于学校的管理就是组织协调学校的物力、人力和财力等这些教育资源，使其能够进行有效运转。而在这样的学校管理中，校长就是主要的协调者，是学校的灵魂所在。

协调者也有优秀与蹩脚的分别，校长要想管理好一所学校，就要做到：①确立鲜明的办学目标。学校管理中起到方向标作用的就是目标，良好的办学目标会激励学校中的所有人员产生极大动力。②倡导良好的校风。校长应结合学校实际，创设出属于自身学校独特的校风，并且在对一个优良校风进行倡导的同时，还要出台一系列的规章制度，从严治校。因此，校长应当身体力行，通过自身的人格力量来引导师生逐渐走向自律。③建设精良的师资队伍。想要办好一所学校，师资队伍是其中非常关键的一环。一方面可以通过各项活动对教师的文化素养、思想觉悟和科研水平等进行提高，另一方面还可以加强培养青年教师，使其能够良好、快速地成长。④营造浓郁的校园文化。学校中的一切都可以看作是教科书，除了要紧抓教育教学之外，还要对隐性的教育氛围进行注重，如校园的绿化和卫生等，使学生在这种良好的校园氛围中得到潜移默化的教育，促进其成长。

二、协调艺术是校长工作的基本功

学校管理涉及人、财、物等诸多方面，其中人的管理是最主要的。因此，校长要把做好人的工作放在首要的位置上，校长只有协调好各种人际关系，才能调动各方面的积极性，从而有效提高学校的管理水平。

协调的含义，实际上就是通过说服、协商、指示与调解等手段，来对内外、左右等关系进行调节，从而使组织的内部在相互配合中达成共识，将矛盾化解，形成和谐的工作环境，实现组织目标。由此可知，协调不是一件简单的事，而是一门艺术，其内容是复杂的，形式是多样的，作用是巨大的。协调艺术是校长应该要掌握的基本功。

（一）明确协调的对象

协调的对象肯定是人，从本质上讲，协调的对象是人际关系。而人与人在社会交往过程、社会生活中所形成的相互关系即为人际关系。

首先，是对上级领导的关系。协调好与上级领导的关系，并得到他们给予的理解、支持与帮助等，这在学校的发展上说是非常重要的。所以，校长也要对上级领导予以尊重，维护好上级领导的尊严，执行好上级领导的管理意图。校长要主动向上级领导交流思想、汇报工作，求得领导的点拨和指引。在与上级领导的协调中，校长要做到不卑不亢，既不能目空一切，自以为是，又不能巴结讨好，溜须拍马。

其次，是对下属教师的关系。校长与教师的人际关系良好，是做好管理工作的重要基础。因此，校长要经常倾听教师意见，关心教师成长，协助教师满足合理需求。在与下属教师的协调中，校长要做到真心诚意，既不能恶意批评，伤了感情，也不能违心表扬，表现出虚伪。

再次，是对同级干部的关系。校长要与书记等同级干部心心相印，在思想上要统一认识，有矛盾当面交换意见，不背后议论；在工作上要互相帮助，有困难互相补台，不背后拆台。既不能越权，瞎指挥；也不能弃权，不作为。

其他还有与家长的关系，与社区的关系，当然还有部门间、条线间的协调，总之校长协调的对象成员复杂，范围广泛。

（二）遵循协调的原则

一是全局性原则。校长的协调一定要着眼全局，顾全整体。要从学校发展、师生发展的价值上去思考问题，开展工作。不能以个人利益、部门利益为出发点去协调。二是公正性原则。校长的说话办事要公道正派、不徇私情。在协调的过程中，校长要一视同仁，不偏不倚，不厚此薄彼，不向自己亲近的人、熟悉的人搞特殊、给优惠。三是和谐性原则。首先是班子内部的和谐，大家要做到心往一处想，劲往一处使。如果班子内部矛盾重重，钩心斗角，彼此拆台，那么就会无法协调，教育教学的改革和发展也就无法进行。其次是干群之间的和谐，校长要做到关心群众生活、解决群众疾苦，真心实意地让每一个教师得到发展。如果干群之间关系紧张，举报信不断，帮派团体盛行，那么协调就没有了基础，协调的成效就会大打折扣。

（三）把握协调的方法

协调的方法没有固定的模式，校长在做协调工作时，一定要因人、因时、因地地运用不同方法。常见的方法有：①刚柔相济。校长要综合运用权力影响力和非权力影响力，适时有效地运用指令制约与协商调解这两种职能，让其发挥各自的功效。②求同存异。校长面对各方意见分歧较大，暂时不能达成共识，而又亟须解决的问题时，就要果断地求同存异，提出各方都能接受的方案，使协调获得成功。③灵活应变。校长在协调时要善于观察，从语言和非语言的信息传递中，加以判断，进行分析，以确定协调的态度和倾向。④巧用会议。校长要根据不同的内容，善于开好各类协调会，诸如信息交流会、方案表态会、问题解决会等。

三、授权艺术是校长管理的必修课

学校像个社会，工作千头万绪，任务纷繁复杂，要求严而有格。因此，许多校长一不留心，就会陷入事务主义之中，忙得四脚朝天，焦头烂额。所谓"两眼一睁，忙到熄灯"，正是事务主义校长的真实写照。校长摆脱这种困境繁荣道路只有一条，那就是学会授权的艺术。

授权，就是领导者将职责内的工作任务合理有序地委派给下属，并运用各种有效手段促使其完成任务。学校中的授权是校长将学校的工作项目加以划分，然后科学地分配给相关人员去落实完成。授权是一门艺术，校长要愿意授权、敢于授权、善于授权。

校长成功的授权具有重大作用：一是可以减轻校长的工作负担，减少琐碎的事务缠绕，从而管好该管的事，放下不该管的事。二是提高对下级的信任度，能充分调动下级或教职员工的积极性和创造性。三是有利于校长发现人才，锻炼人才，培养人才。

要做到正确地授权，校长须遵循的原则有：一是重点性。校长要正确认识权力，合理恰当地利用及分配权力。要搞清楚应该授什么权，留什么权。一个组织的权力一般有决策权、运行权和执行权三个层次。校长应抓的重点就是决策权，其包括学校人事的任免和安排，学校经费的调配和使用，重大事项的拍板和指挥等。二是平衡性。校长要尽量做到权力的均衡，不宜让班子中某一位副职所分管的工作在量上过多，以免权力失衡，心态不平，主次颠倒。授权不等于分权，不能因为授权不平衡或授权不当造成各条线间各自为政，不顾大局，片面发展。校长要时刻注意观察全局发展的进程，对可能出现的离心现象或失衡状态及时调整。三是激励性。校长要充分信任被授权的人，让其享有一定的自主权，能在职权范围内自主处理工作。校长要做到疑人不"授"，"授"人不疑，只要不违背大的原则，凡授权范围内的事，被授权人说了算。即使出现一点小问题，校长也要宽容大度，承担责任，助其反思，促其提高，从而达到激励下属为实现校长的总目标而献计献策、勇挑重担的目的。

要做到正确地授权，校长要搞清楚授权的类型。就学校系统来说，其不外乎有两种类型：一是职责授权。这是按岗位职责授权，在学校里，副校长干什么，教导主任干什么，总务主任干什么，教研组长干什么，岗位职责上写得很清楚，不需校长再一一交代。因此，职责授权本质上也是一种常规的制度性授权。对于这类授权，校长应充分信任，大胆放手，不宜多干预，如此会激发下属的能动性和积极性。二是临时授权。这是按任务项目授权。在学校里经常会有节庆活动、迎检活动、展示活动等，这些活动不可能校长一个人去做，这就需要校长因事择人，找对项目负责人，临时授权给他，让他去负责此项工作的设计、开展和总结。临时授权，本质上也是一种应变性的特长授权。对于这类授权，校长一定要慧眼识人，选择有技能、有特长的下属去完成任务。

四、沉默在教育管理中的运用

沉默，就是不说话，没有语言。但从哲学的角度讲，沉默和语言一样，是有意义的语言。沉默作为一种特殊的语言形式，它拥有比语言更大的空间。沉默有积极的沉默和消极的沉默，在教育管理中我们需要的自然是积极的沉默。因为积极的沉默能够表达意义，暗示着一种道德和精神的价值；积极的沉默不是身心活动的静止，而是彼此的心智更加自由，更加冷静。

在谈话当中的沉默，经常会起到非常有效的调和作用。沉默和语言在有些时候是有同等重要的作用的，在一些特定的场景之下，沉默的力量会比语言更强大。在对孩子进行教育和交流的过程中，适当的沉默往往会起到意想不到的效果。

实际上，学校领导在与教师谈话时，也可以采取沉默的方式，因为唠叨在谈话期间是非常不合时宜的，不仅浪费时间，而且还很容易在自己都不知道的情况下中伤对方，特别是在愤怒的时候，沉默是应对这一情况非常合适的方法。

在人与人的交往之中，沉默也常常会有意料之外的效果出现。在日常交往中，人和人的关系是非常复杂的，想要让学校的人文环境始终在和谐的状态之下，就要有目的地去提升人的修养品质，这时机智的沉默就是修养的其中一个重要因素。在人与人的交往中，沉默应当解释为理解的沉默。人与人间一起行动的基础就是要互相理解，这属于一种无声的沟通方式。那么作为学校的领导，校长更要学会和教师相互理解，工作中难免对出现很多是非与误会，只有解释清楚明白了，才能更好地一起走下去。通过沉默来应对一些非议，对弱者来说是一种聪明，而对强者来说则是一种风度。

五、决策是学校管理的核心

决策指的就是提出问题、确立目标、制定多个方案，并从中作出最终的选择的思考判断的过程。这个过程，包含了"谋"和"断"两层意义，重在"断"。这个过程，也意味着决策者在作最后抉择时必须要断然撇开其他种种机会，而拍板最优方案。校长决策力的高下，决定了学校管理水平的高下。

（一）校长要重视民主决策

现代学校提倡民主管理学校，实质上就是决策层面上的民主管理。民主决策最大的好处，是能提高教职员工对学校制定方案的满意水平，减少方案实施过程中的各种矛盾。民主决策耗费时间较多，方案形成过程较长，因此，民主决策一般适用于学校的重大事项，关乎学校的发展方向、教职工的切身利益等。比如，制定学校"绩效工资奖励考核方案"，这就是学校中的大事，其既涉及学校各项工作的规范标准，又涉及学校每个教职工的评价和利益。对此，校长就不能一人闭门造车，轻易决策，而应该采用民主决策，广泛听取群众意见，形成多个方案，再交给教代会代表讨论，逐步形成一致意见，确立最终方案，最后由教代会表决通过。这样的决策，教职工的认可度很高，实施方案时就会收到预想的效果。

（二）校长要用好班子决策

一个单位或一个组织，总会有班子成员，如在学校系统里的校务会议成员及其他班子成员等。这些人是校长的部下，是校长的助手，也是校长的决策人员。

班子决策，也可叫群体决策。其不同于民主决策，因为民主决策的成员具有人数多、代表性广的特点，而班子决策的成员限于校级领导等少数人。不管怎样，其相比校长一个人来说，毕竟是一个群体。班子决策的优势也是相当明显的：一是因为是群体，每人提一点，集起来的信息就多，从而能提供完整的信息。二是因为是群体，想法就多，相似的、相背的、质量高的、质量一般的，从而能产生更多方案。三是因为是群体参与，增强了决策的接受性，从而提高了方案实施的执行力。

在班子决策时，校长要头脑清醒，心知肚明，自己不要先轻易下结论、表态度，防止班子成员在校长权威影响下有从众效应，放弃责任，不愿思考，附和表态。而应该要让班子成员独立思考，独立建议，面对多个方案，还可以要求班子成员将按个人意见排出从高到低的顺序。这里就要择时决断，拍定最佳方案，校长的决策力在这时就能体现高下了。

（三）校长要智慧个人决策

在学校里，比较多见的还是校长的个人决策。这是校长这个职务的权限所决定的。校长如何科学运用个人决策，这是每一个校长应该经常反思的问题。如果这个问题不考虑清楚，校长就会陷入"家长制"的泥潭，就会得到"独裁者"的骂名。

校长运用个人决策的范围和情形是很多的，如学校发生突出事件时可果断运用个人决策，如学校的中层干部在前进方向上迷茫时可及时运用个人决策；再如在民主决策或班子决策的最后关头还需要校长的个人决策。因此，校长的个人决策一定要讲究智慧。

首先，校长一定要有高境界。校长的境界，决定了学校发展的境界。校长有了高境界，就能站得高、看得远，就能高瞻远瞩，高屋建瓴，作出的决策也会高明而有价值。

其次，校长一定要有高智慧。高智慧并不等于高智商，高智慧要求校长要有清晰的头脑和敏锐的判断，以及深刻的辨析。决策的效果是由决策质量加上对决策的认可程度来体现的。高智慧的校长一定要追求高质量、高认可的决策。

六、校园安全是学校发展的基石

（一）树立牢固的安全意识

校园安全的重要性基本是所有人都非常清楚的。但是，也并不代表每个人的安全工作意识性都很强。而要想对这一问题加以解决，就应当进行全方位的宣传，且在多个层次进行落实，从而使学校师生都能够树立非常牢固的安全意识。行为是由意识所决定的，只有将安全意识树立起来，才能创建安全文明校园。

基本操作方法可有以下几方面。

1. 在组织中落实

创建安全文明校园工作小组组长为分管校长，副组长为德育主任与治保主任，组员则为各班主任。领导、工作小组应当定期就召开一次工作会议，将各个部门具体的创建任务都要进行明确，并且相互之间要形成良好的配合，确保安全文明校园工作的良好创建。

2. 在制度中落实

只有管理制度有效才能进一步将安全工作做好。由此学校还应制订一系列的安全防范制度，如《学生一日常规》《校园设施安检制度》《治安保卫制度》等，以及将安全应急预案加入进学校的规章制度中。

3. 在教育中落实

学校在对师生进行安全教育时需要经过一系列活动，如演讲、专题讲座、电视系统和校园广播系统等，并且在这一过程中还要对所创建的内容进行丰富，从而形成学校中的每位成员都时刻讲求安全与创建的良好氛围。比如为了进行职业道德教育而每周都进行政治学习；对安全专题讲座加以落实，形成一支无私奉献与依法从教的有牢固安全意识的教师队伍。还可以每周都在各个班级展开一次安全教育课，让师生共同学习一定的安全知识，并且通过观看录像、开展安全知识竞赛与制作宣传展板等形式，提高学生的安全意识。

4. 在技术防范上落实

各学校在近些年来加强了自身的投入，对物质装备也进行了一定的完善，基本构建起了现代化的安全技术防范体系。比如从最开始的红外线报警、防盗门窗的安装等，到如今的110报警系统、监控录像和专门的保安等。

（二）明确丰富的安全内涵

校园安全有非常丰富的内涵，但这里所指的并不全是在校园中发生的伤害事故和偷盗行为等。在时间方面来说，校园安全存在的隐患是随时都可能发生的，而在空间上看也是方方面面都会存在的，这些需要每个人都加以明确。只有从源头就进行防备，那么校园安全才能做到让每个人都放心。由此，可以有以下几种做法。

1. 在课堂中进行讲解

学校会通过晨会、班会和活动课等方式，进行训练、讲解与演示，让学生接受一些相对系统的预防交通事故、食物中毒、防火、防盗、防病和防骗等安全知识。此外，学校还对各学科的安全内容渗透学习进行了重视，使学生能够在无形之中就学会自我保护，并提升自身意识。

2. 在活动中加以体验

学校在开展安全教育活动时通常会选择一个特定的时间，如"6.26"国际禁毒日，通过抵制毒品知识的普及，使青少年学生能正确地认识与对待毒品危害，并且在精神上提高警惕，从自我做起远离毒品；还可以和"11.9"消防宣传日相结合，进行消防的宣传教育活动，如观看宣传版面、出一次黑板报和组织紧急疏散演习等等。

3. 在生活上给予一定关心

食品卫生安全也是学校安全工作的重要内容。为此，学校加强食堂管理，确保饮食安全。除了加大对食堂硬件设施的改造力度之外，还会请工商部门推荐执照齐全、信誉好的经营户并与之签订定点供货合同，然后由工商部门鉴证，保证食品购买渠道的安全正规。严格遵守在学生午餐前几小时以内烧菜的规定，所有食物采取48小时留样，对食堂在固定的时间进行重点地区的消毒与清扫，操作时也要严格按照食品卫生要求进行，从而进一步保证学校师生能够安全饮食。另外，学校每天都安排校园值班老师，在早晨、学生课间活动和放学时，值日教师必须提前到岗，做好值日护导工作。可以实施错时放学的制度，实行值日护送监督制度，不仅要求值班老师准时到位，也要求带班老师必须尽责，即对每一个学生负责到底，做到家长不到场不放走一个学生。对家长、学生的站位提出明确的要求。通过一系列举措的落实，师生交通安全意识和自我保护意识显著增强，取得了交通安全教育的良好效果。学校对学生生活上的关心，得到了家长的好评。

4. 是在检查中强化

学校加强做好安全工作的检查和评比，基本做到每周一小查，每月一大查。期中有中期评比，期末有汇报总结。例如，定期检查校园消防安全，对校园内、楼道里的消防措施科学布局，更新调整，切实消除火灾隐患；定期检查食堂卫生，做到食堂人员岗位分工明确，职责到人，粗加工、清洗、烹调、装盒都按规范操作。每天工作结束时，食堂人员要把各加工间清洗干净。每天值班老师的上岗巡查，每月的专职人员安全检查和校园设施设备的定期检查，要让每次节假日之前领导带队进行校园安检成为常规。通过检查，能及时发现校园安全隐患，有效预防和遏制校园安全事故的发生。

（三）创建特色的安全策略

安全文明校园的创建，既要做到持续发展，又要做到富有特色。我们认为，安全文明校园的创建不单单是大人的事，更应该是孩子们自己的；不单单是学校内部的事，还应该是家长和社区的事。为此，我们在这些方面形成了特有的工作策略。

1.学生自主管理

在安全文明创建活动中，我校重视充分发挥学生的自主能动作用，形成了"小当家"校园生活管理模式。学校把校园安全文明、学生安全工作交给学生自己管理，并设立了相应岗位，向全校学生公开招聘，如"纪律监管员"等都是孩子自己担任；从学生中挑选了一部分"校园小警察"，利用课余时间巡视校园、参与管理，既提高了学生的安全意识，又培养了学生的自护自救能力和综合管理能力。

2.家长参与管理

学校的安全教育还要结合家庭与教育，通过家长会、家长学校等形式向家长宣传安全知识和教育方法，从而使家长和学校一起做好对子女的安全教育，努力给学生创造一个良好的育人环境。

学校还会安排一定时间组织学生家长开会，发放告家长书、做调查问卷等，一方面向家长传递依法治校的思想、一些成功的示例与学习经验和现代育人的理念，并且共同进行讨论研究，从而努力形成合力，有力地加强学校管理成效；另一方面及时提醒家长对孩子的安全进行自查。另外通过寒暑假教师进行家访等形式，将学生、学校的一些新的信息与家长之间进行交流，并且邀请家长也参与到学校的管理中来，以及让家长清楚地明确自己应当承担的监护责任等，与学校在相互配合中促进学生的积极健康发展。

3.社区支持管理

学校应争取到居委会、派出所等社区资源的支持，如聘请派出所领导和民警分别担任法制副校长和法制辅导员，通过举办专题安全讲座，讲解相关的法律法规，接受学生的现场咨询等活动，对学生的法制意识进行加强。有时会请交警来校作交通安全讲座；有时候请消防中队来学校进行安全消防的表演，并与学校的师生一起进行防火与灭火演习；学校还会在一定时期对学生进行组织，共同在社区中开展工作，维护与倡导学校周围的良好环境不受污染。

第七章　新时代普通高中的教育责任与使命

科技的进步、社会的发展给我国普通高中带来了机遇和挑战，赋予了其新的教育责任与使命，推动着普通高中不断进行改革和创新。

第一节　科技艺术育"新"人

一、科技艺术彰显特色

基于社会对人才需求和学生多元发展的思考，高中应将科技与艺术教育作为实施素质教育的重要组成部分。通过不断探索，大力加强教研和普及工作，对学校的先进经验进行规律性的总结，逐渐形成"以素质教育为主体，以科技和艺术教育为辅助"的特色模式。

（一）培养"新"人

培养"新"人，这既是我国新时代普通高中全面育人目标的体现，更是奠基终身办学理念的积淀。分数很重要，但这不是教育的终极目标，也不应成为评价学生和教育质量的唯一标准。始终坚信服务于学生的终身可持续发展比分数更重要，希望培养的是道德、智力、健康、科技、艺术、心理等全面发展的立体的人。

"新"人是创新的人，他们具备一定的创新意识和实践能力，掌握基本的科学基础知识和研究方法，能利用现有物质条件，改进或创造新的事物；"新"人也是有艺术品位的人，他们怀有一颗向真、向善、向美、向上的心，受过一定的艺术熏陶和培育，具备基本的审美和人文素养。

科技与艺术教育是实施全面素质教育的重要内容，对青少年提升审美修养、丰富精神世界、培养创新意识、促进全面发展具有其他学科教育所不可替代的作用。科技教育是基础教育的重要方面，是脑科学、认知科学的重要内容。艺术教育重在改善品格，让学生从参与中学会关心生活、观察生活、体验生活。学生在早期建立的科学艺术概念、掌握的探索技能以及确立的对科技艺术的态度和价值观念，对其成年后的科学艺术素质会有决定性的影响。知识会随着时间的推移而老化，但这种科技艺术的精神素养却会永不磨灭地根植于学生心中，成为其人生道路的宝贵财富。

素质教育中立德树人是根本，但道德教育不能只是说教，必须润物无声，通过渐进的方式进行。科技艺术教育的特点就在于它能激发学生兴趣，打动学生感情，让他们愉快地受到教育，在实践活动中培养学生"实事求是、克服困难、探索创新"的精神，同时能帮助他们明是非、知善恶、识美丑。因此，科技艺术教育对提高学生整体的心理发展水平、丰富的情感世界，使其具有稳定积极的情绪和健康的人格也具有重要作用。

（二）科技艺术促发展

随着时代的进步和社会的发展，越来越多的科学家、艺术家和教育家已认识到旧教育模式在培养人才方面存在的弊病，只有充分认识逻辑思维和形象思维的统一的重要性，才能真正地提高学生的综合素质。为了培养"新"人，让每一位学子拥有科技的头脑和艺术的品位，学校应在课程资源、实践平台、专业力量等方面合理规划，科学发展，着力打造具有特色的课程。

1. 打造特色课程

以素质教育为主本，通过课堂教学和实践活动，提高学生的科技素养和艺术修养，促进其身心全面和谐发展。在设计、实施课程的过程中，必须充分考虑相关课程资源的层级性，使教学内容能够满足全校学生的共同参与。课程内容、组织尽量科学化和生活化，过程设计注重体验与探究。

2. 构建共生型课堂

学校实施科技艺术教育的目的不在于应试，而是出于综合素质培养的目的。因此学校以教育生态学的视角来审视当下的教育教学，积极进行课堂教学改革，提出以共生为核心价值观的新型课堂教学理念。

共生课堂强调"人"是误堂的主体，师生都应该主动积极。其中，学生是课堂的主人，是一个具有各种能力、需求、思想、意识和情感的人。教师是教育活动的主体，应不断探索和创新课堂教学活动，从而促进学生的学习和发展。学校在科技艺术教育中，始终强调师生的共同成长，通过共同探究，教学相长，从教师到学生培育一批热爱科技艺术、积极创新的队伍，从而在校园中形成稳定的科技艺术教育环境，成为学校教育特色的源泉。

3.搭建实践平台

普通高中应积极搭建各种活动平台，给予学生体验、实践的各种机会，引领学生培养科学和人文素养，养成积极探索的习惯，从而提高学生的综合能力，实现终身发展。

因此，高中应面向全体学生，重视活动的普及性、活动本身的育人要求、以及综合素质的培养，为学生积极搭建多种实践平台，如以普及活动为主的学生社团组织、开展研究型课题的兴趣小组、师生广泛参与的主题实践活动以及以培养实践能力、积累实践经验的"科技节、学生节"等大型活动。

4.整合专家资源

科技艺术教育如果仅有学校教师的参与，还不能完全适应新型教育需求，因此，艺术教育应立足于校园，充分利用各个渠道的资源，形成良好的教学环境。例如，邀请专家、学者担任辅导员，定期开展主题讲座和辅导活动，使同学们能放眼社会，提高活动的层次。

除此之外，还要考虑与科技艺术教育方面专业的组织机构合作，开展更有效的教育活动。各方力量的整合与介入一定程度上弥补了学校教育视野和师资力量的局限，对提高学校科技艺术教育的效果显著。

二、科技教育创造智慧未来

（一）科技创新教育的概述

可以从三个方面来理解科技创新，一是提供新服务或更优质服务的活动；二是采用新的生产方式和经营管理模式开发新产品的活动；三是创造和应用新知识、新技术和新工艺的活动。

1.科技创新教育

主要是指是指政府、学校、企业、科研或培训机构实施的培养受训对象科技创新能力的系统活动。受训对象可以是个体、团队或组织。

2.科技创新能力

主要是指在某一科学技术领域的个体、科研机构、企业和学校等所具备的创新综合能力，其中包括七个主要因素，即研发经历、创新精神、经济实力、专业知识水平、知识结构、科研设备、研发经验。

需要注意的是，研发经历主要是指从事某一领域的科技人员攻关研究和开发的时间；创新精神主要是指科技人员自身的创造力；经济实力主要是指开展科研试验需要的物质保障；科研设备主要是指开展科研试验需要的硬件设施；研发经验主要是指从事某一领域的科技人员科技开发成功的经验。科技创新最基本的条件是专业知识水平，这就要求科技人员必须具备相互配合的各种专业知识和知识结构。

（二）科技创新教育方案要点

我国普通高中在开展特色建设的过程中，应以科技创新教育为突破口，全方位给予支持，如师资、设备、资金等。同时，还应整体设计，尽力做到全员参与、全面覆盖、全程渗透。具体可归纳为以下几点。

1. 科技教育实施课程化

普通高中在开设综合实践活动课的过程中，不仅可以将科技教育融入到实践活动中，从而实现课程化。还可以配备专任教师，配套开发系列科技教育校本教材，实现科技教育的常态化。

2. 科技教育开展活动化

普通高中应安排专业教师组织和指导科技兴趣小组或学生社团，积极开展各类科技教育活动，为学生提供更多、更好的科技创新实践机会。定期举办内容丰富和形式多样的科技节活动，使学生在活动中开拓思维、锻炼能力，充分发挥其不同的爱好和潜能。

3. 科技教育推进整体化

科技教育不能孤立开展，而是要将其有机地渗透进各学科，激发学生的创新兴趣，培养学生的科学意识，从而提高学生的创新能力，同时也能使原本枯燥的课程教学达到科学性、知识性和趣味性的统一。同时要避免给教师和学生带来额外的负担，课本教学与科技教育应相辅相成。

（三）具体实施建议

创办科技特色学校，应多角度开展科技教育活动，拓宽科技教育的途径。例如，设立科普读物图书室，方便学生在课余来借阅科技报刊；设立科学实验室，设计简易且趣味性强的实验课，鼓励学生自行设计实验；鼓励学生写科技小报告，制作科技小发明，参加全国性的科技创新竞赛；组织社会和高等院校知名学者、志愿者来校科普宣讲等。

具体建议有：①课堂教学渗透。普通高中应将科技教育渗透到相关学科中，使其形成两种不同的常规课型和课程。一是常规性渗透。主要是指对学生进行日常教育课程，包括外出参观、组织讲座，每两周一次的科技广播讲座，每学期一次的考察活动（春、秋游）。二是学科性渗透。例如，语文学科写制作说明、船模介绍、竞赛体会、科幻写作等，数学学科设置相遇问题与应用测量题，美术学科制作科技小报，地理学科进行国土知识教育、环境保护教育等。三是拓展型课程。主要是指学校安排的选修课，设置环保制作、科学实验与制作、天文生物识别等课程。②积极参加各类市、区科技教育活动项目。组织生物、化学、物理各科老师带动学生进行生物模型制作和航模制作，鼓励学生参加校际间的科技创新活动。③形成校园文化，营造科普教育氛围。每学期进行科普宣传的黑板报评比、科普英语电脑小报评比、专家讲座等，营造浓郁的校园科普教育氛围。

三、艺术教育奠基品质人生

（一）为学生搭建艺术的舞台

对于普通高中教育教学而言，艺术教育是十分重要的抓手。近年来，我国普通高中越来越重视艺术教育的重要性，并在实践中逐渐完善了对艺术教育的管理，现如今已经形成了符合学生需求和时代发展的管理网络，不仅是学生进行高中学习的一部分，更是学校精神的一部分。

1. 健全管理，整体规划

一般情况下，我国普通高中艺术教育管理小组的组长均由校长担任，与其他小组成员共同将艺术教育落实到学校的各项艺术工作之中，从全校各个年级艺术课程的实施与质量监控，到整体规划，重点扶植与管理学生社团。从具体操作层面来看，可以安排一名专业教师专门负责安排学校艺术类专业社团的发展、艺术教研组相关老师具体落实课堂教学、德育处团委负责学校大型艺术活动的开展、教学处指导并监督各类艺术课程的实施等。

学校每个学年的工作计划中都应对艺术教育的内容做出具体的要求，并保证学校全体师生切实了解艺术教育整体要求，了解艺术教育在学校整体教学工作中的实际作用。

为了切实落实具体工作，加强管理，学校教学处应定期对艺术教育相关课程的实施方案和教师实际教学情况进行检查；艺术社团相关管理组织应要求学校特色社团定期提交工作计划和小结，如戏剧社、舞蹈队等，并通过各种宣传媒介展示艺术社团的成果。

2.创新评价，鼓励研究

学校应根据艺术教师开展相关课程的实际情况，结合该教师带教社团的成果以及课堂教学评价，对其进行年终评定，对于在某些方面取得突出成绩的教师给予一定的评优支持和倾斜。例如，将对舞蹈社团的辅导计入教学工作量等，从而保证艺术教育的实效。

（二）引导学生叩开艺术之门

1.丰富课程内涵

近年来，我国高中非常注重艺术基础课程的开设，一般情况下，每周至少安排一节艺术课，并保证艺术课程的覆盖面达到100％，从而落实艺术通识教育。需要注意的是，每个年级的侧重有所差异。

（1）高一年级

在这一阶段教学内容主要是以艺术作品的类型为主，如音乐剧、建筑、雕塑、绘画等。教师在安排相应的单元课时，应以基础性教学为核心，向学生普及艺术基础知识。

（2）高二年级

在这一阶段的教学内容主要是以综合剧的形式为主，以人文线索贯穿教学过程，即通过开展艺术实践活动、作品欣赏等，使学生在感知艺术作品的同时，体验艺术的魅力，了解和学习相关的艺术知识和技能，从而提高学生的艺术感知和审美情感。

（3）高三年级

在这一阶段的教学内容主要以结合学校实际、符合课程标准要求的自编校本教材为主。这就要求教师在相关教材内容的选取上必须注意与前两个阶段教学的衔接，要求学生在欣赏作品的过程中有机结合艺术与其他相关内容，如历史、民族、科技和政治等，并且能够结合时代背景，运用所学知识进行综合思考，不断开拓自身的视野。例如，高三年级教学的内容可以包括理性与古典、光影与印象、民族与世界、多元与现代等。

2.加强学科整合

艺术教育不仅需要渗透到各类学科中，还需要通过相对专业的课程来传授知识，而不是孤立存在的。我国普通高中经过长期教学实践，逐渐形成了"大文科"的教学理念，即多角度、多方位地传递美育教育观念，实现学科间相互渗透。以语文学科为例，我国的高中教师对"非此即彼"价值观的不科学性给予了高度的重视，因此在教学的过程中，更重视言与意、内容与形式的高度融合。教师在课堂教学中应注重对课文情感的挖掘，以情动人，引导学生更加深入的理解内容中的感动、激情、情趣，向学生传递"润物细无声"的人文底蕴、艺术修养、审美情趣。

（三）艺术之光耀

学校应通过多样化、多渠道的途径为学生建立各种艺术活动的平台，使学生能够充分运用课堂知识储备和丰富的艺术形式表达情感和对艺术作品的理解，从而拓展学生的艺术素养。

1. 创设艺术实践环境

近年来，我国普通高中举办的"学生节"活动为社团提供了一个能够自由展示才能、分享感悟的舞台，极大地丰富了我国普通高中艺术课程的素材。一般情况下，学生节通常会持续一个月的时间，在活动开展的过程中，学生可以通过各种综合活动或文艺表演展示自己。现如今，学生节已经逐渐成为了我国普通高中艺术教育中十分重要的环节。

以上海某一高中为例，2017年的学生节主题是"享受艺术、体验人生"——让学生学会从艺术中欣赏、感悟，从而丰富自己的人生。开幕式该校邀请了上海歌剧院文艺专场演出，歌剧表演艺术家们全场用真声不用话筒的演唱方式深深感染了在场的所有师生；2018年的主题是"做自己人生的导演"——人生的精彩在于自始至终都是自编、自排、自导、自演，每个人都是最有潜力的导演，都是最富有智慧的成功者。在闭幕式上学生通过节目会演把一个月来用心排练的乐曲、改编自经典的课本剧、原创歌曲等展现在全校师生面前。同时，该校还邀请了上海京剧学校的学生们来校演出，舞台上传统文化的精彩表演，使学生们认识到了中华民族文化的悠久和深厚。每年的学生节中，艺术和人文类的项目占到总体项目的80%以上，学生的参与率几乎达到100%。这些都为学校的艺术教育拓宽了外延，丰富了内涵。除此之外，该校各个社团还定期参与学校所在社区的各种文化活动，如开展中秋联欢会、彭浦镇文化艺术节展演等项目。

具有国际视野的学校已经逐渐成为了我国普通高中的最终目标，这就要求学校必须注重利用环境的育人功能，为学生营造一个积极的学习氛围，为师生创设一个良好的教育环境，从而提升学生的审美情趣。当学校有机会与国外学生艺术代表团进行切磋交流时，教师则应积极引导学生感受不同文化之间的碰撞，全方位的感受艺术的魅力。

2. 丰富艺术实践活动

学校应鼓励学生积极建立电视台、广播台、舞蹈队、戏剧社、文学社、动漫社、油画俱乐部等艺术社团或兴趣小组，从而丰富学生的课余生活，使其充分发挥自身的个性和潜能。

以某一高中为例，该校学生艺术团中建队最久的舞蹈社团集合了全校各个年级的舞蹈爱好者，除了承接学校大大小小的庆祝联欢活动的演出任务外，还经常代表学校参加校外各项演出及各类比赛。经过全团成员的共同努力，该校及社团获得了"舞蹈特色项目学校"及"明星社团"等各项光荣称号。该舞蹈社团不断创造和刷新优异的成绩，如《老师窗前的米兰》获得了全国第三届中小学生艺术展演活动艺术表演类中学甲组一等奖等。在魅力校园第四届全国校园文艺会演、第九届全国校园春节联欢晚会活动中，该校同样取得了优异的成绩。在舞蹈社团的带领下，其他社团的队员也不断壮大，成绩斐然。

综上所述可知，普通高中应积极建设供学生展示才艺和能力的展演舞台，实现学生的全面发展，使艺术教育成为推动学生成长、成人、成功的最佳助力。诺贝尔物理奖获得者、著名物理学家杨振宁十分重视艺术与科学的结合教育，他曾经提出"艺术与科学的灵魂同是创新"。因此，我国普通高中必须始终秉承科艺双修的理念，坚持不懈地进行培养"新"人的实践和探索，使科技和艺术成为教师和学生可以栖息心灵的港湾，成为学校文化和精神的一部分，以及成为人们可以享受的、永不枯竭的精神财富。

第二节　重视学生的终身发展

一、生命教育是奠基终身发展的基石

（一）生命教育的维度

通过对生命教育概念的分析可知，生命教育有广义和狭义之分。从我国普通高中开展的相关实践活动来看，广义的生命教育主要是指死亡教育、环境教育、挫折教育、安全教育、青春期教育等；狭义的生命教育主要是指生命孕育与发展的知识传授、生命意志的锻炼、生存能力的培养、生命价值的发现与提升等只针对生命本身而开展的教育。

1. 生理层面的生命教育

首先，生命教育的基础环节是对生命个体自然生命的关注。这就要求学校必须根据学生不同年龄段的发育特征，有针对地、及时地开展生理健康教育，培养学生珍爱生命的意识。

其次，生命教育的开展必须符合高中生的身心发展特点。高中阶段是学生身体素质的巅峰阶段，在这一时期学生能够展现出超强的运动能力。故此，这一阶段的生命教育对其身体的发展至关重要。抓住学生发展的这一关键期，通过改变传统的教学方式，实行体育专项化改革，融入有关生理卫生知识、性知识、疾病与毒品的预防知识等，不仅让学生的身体锻炼在时间上得到保证，更要让学生在身体锻炼的质量、广度、深度上得到全方位的提升。

2. 心理层面的生命教育

生命不仅包括完整的生命肉体，还包括健康的心理世界。不管自然生命是残缺还是完整，人生道路是平坦或坎坷，生命个体都应始终保持感恩的生命情感、豁达的生命态度、坚强的生命意志。

高中生处于青春发育期，外在形体急剧变化的同时，他们的内在心理也有了很大的发展，在这一变化的过程中，高中生原有的心理水平与新的心理需求必然会形成一定矛盾，其心理发展在矛盾发声冲突、解决的过程中逐渐趋向成熟。然而生命的历程毕竟会有诸多磨难，在实现自我的过程中，需要强大的心理素质泰然处之。故此，每位教师都应时刻关注学生的心理危机，不论是教育方法的选择还是教育内容的确定都要考虑学生的心理特征；同时，教师也要将高中阶段的生命教育放在学生终身发展的一个阶段予以思考，让生命教育为学生未来的生活奠基。

（二）生命教育的实践意义

大力倡导的往往正是现实所缺失的。生命教育的实践意义是客观必要的，应当从多个方面进行探究。

1. 生命教育护航社会发展

我国社会正处于重大转型期，随之带来的是思想文化衰弱、伦理道德沦丧、生命价值漠视等问题。具体表现在社会中功利主义弥漫，即人对大自然的疯狂掠夺，用金钱来衡量、计算人与人之间的感情，以及对生命的欣赏之情日益淡薄。

社会发展依赖于积极向上、阳光向善的氛围，只有树立社会主义核心价值观，对生命油然而生一种热爱之情、珍护之意，才能全民一心，众志成城，全面推进我国现代化建设，进而实现富强、民主、文明、和谐的中国梦。否则，当心智和心理承受力尚未发育成熟的学生，面对鱼龙混杂的社会环境时，极有可能因无法忍受重重压力与诱惑，而变得彷徨、无奈、消沉，甚至开始对生存的意义和生命价值产生怀疑，更有可能采取极端方式来寻求解脱。因此，只有生命教育才能净化生命、优化生命、美化生命，从而扫除社会发展进程中的种种谬误，佑护社会健康、稳定、高品位地发展运行。

2. 生命教育引领教育改革

随着社会现代化进程的加快，现代教育的发展也逐渐趋向技术化、工具化和工业化。这种"文化快餐"式的教育方式，使应试教育成为了主流，也使学生成为了考试的机器。这种教育方式容易导致学生即使懂得了"生活的意义"，也无法了解自身的意义；懂得了"生命价值"，也无法真正了解自身的"生命价值"。因此，我国许多专家和学者纷纷开始呼吁将生命教育融入到高中教育中，对生命更为关注的教育改革将是一次根本性的改革。改革后的教育，将具有浓厚的生命意识，能关注生命存在，关爱学生的生命；能培育学生的社会生命，使之具有丰富的社会属性；能培养人的精神生命，启迪学生思考生命的真谛，开始人生意义的追寻，为人开始完整意义的生命之旅奠基，自此能不再看到太多的残害生命的恶性事件，看到师德焕然一新，能看到教育真正以人为本，为人的全面成长服务，能看到健康、活泼、热爱生命、全面发展的青春少年。生命教育为教育理想向教育改革的转化提供了有益的探索路径与方向。

3. 生命教育彰显个体价值

对于人们而言，生命不仅是教育活动的基石，也是教育的基础，更是教育工作的最终归宿。然而遗憾的是，过往的教育已显现出亟待革除的弊端，诸如青春期交往的困惑、情感与体验的不足、理想的世俗功利化、公德心和社会责任感缺乏等个体需求问题似乎已是不值一提，对"为何而生""何以为生"的思考渐趋麻木，沦为掏空了的"单向度的人"，缺少对生命意义的理解与欣赏。

当人们长期处于这一情况中，不仅会导致其缺少面对挫折的耐力和韧性，还会使其产生各种心理问题。为此，有必要充分挖掘学科教学中显性和隐含的生命教育内容，充分利用专题教育形式和多种课外活动载体，从基础型课程、拓展型课程和研究型课程中提取生命教育的要义，以妥帖的方式将这一教育渗透进课堂教学；把学生看作是完整的、发展的、具有极大潜能的、富有个性的、有情感意志的生命个体，有助于满足其丰富的、充满灵性的内在需求和感受，帮助其重新认识生命的意义与价值，使得生命的光辉为每一个个体所感知。

二、实现学生终身发展的措施

（一）优化课程与教学的育人功能

对于课堂和课程来说，最重要的是如何完成三维目标，即知识与技能、过程和方法、情感态度与价值观。①知识与技能。这种方式能够帮助学生了解学习的结果，属于一种结果化的课程目标。②过程和方法及情感态度与价值观。这种方法通常用于无法结果化的课程目标，即用于学生表现自我，或是描述学生的心理感受和体验，是一种体验性或表现性的目标。

需要注意的是，三维目标是将一个问题划分为三个方面，而不能将其理解为三个目标。教师在课堂教学的过程中，应将三维目标的各个方面和谐地结合在一起，并且要同时进行，而不能完成了一维目标再落实另一维目标。

三维目标的相互支持，使课程目标更具完整性及可操作性，也体现了在教书中立德，在育人中树人。灵活运用三维目标是实现课堂目标、落实教学目标、形成一个高效课堂的重要因素，这就要求教师必须将其作为一个整体，贯穿于每堂课中。近年来，我国普通高中相继开设了一个特色课程，即"家常课"。教师上"家常课"，听"家常课"，评"家常课"，努力使"家常课"的研究达到新的高度。参与"家常课"研究的每位教师，既是授课者，又是听课者，还是评课者。同时，还把对"家常课"的研究，把听课和评课延伸到备课这一环节。除此之外，个别高中还请学生一起参与评课，使学生真正成为课堂的"主人"。同时，还特别提倡"自我评课"，进行教学反思，在反思中提升，在这样一种互动、平等、宽松、和谐的教学研讨氛围中，每位老师都会受益，也使"寻常"的"家常课"研究有了不"寻常"的收获。未来我国高中依旧要以"家常课"为切入点，由点及面将三维目标渗透在课堂教学中，使其更加优化，更能凸显立德树人的功能。

然而，课程的丰富也伴随着对学校的考验，课程是否育人、是否有终身学习的价值、是否符合社会主义核心价值体系，需要慎之又慎地去进行判断。例如，体育或艺术类的课程，由于其本身的无国界性，可以取其精华、互通有无。而涉及政治、历史、文学方面的课程，则必须要体现校长对价值的判断。由于文化差异，教学内容中也会存在价值差异的地方。面对这个问题，我国专家、学者认为最好的方法是避开，避开存在价值差异的部分，让学生更多地接触世界的多元性，促进学生全面发展，终身发展。

（二）奠定学生扎实的理论基础

普通高中教育的主要任务是为学生接受高等教育打下坚实的基础，是基础教育与高等教育的衔接。高中教育只有不断提高学生的知识文化内涵，才能使学生以一个更好的状态接受高等教育。因此，在课堂教学过程中，高中教师应不断探索、创新教学方法，充分调动学生的积极性，从而提高教学效率。除此之外，高中教师还应培养学生自主学习的意识，使其形成良好的学习习惯，有意识地提高学生的学习能力。这就要求教师必须打破目前"为高考而学"的传统观念，激发学生的学习兴趣，使学习成为一种自发的过程。

（三）提早树立学生强烈的职业意识

目前，我国普通高中的教师大部分仍然认为高中生距离社会还十分遥远，考上好大学才是高中生的首要目标，从而导致学生将所有的时间和精力都用在了提高成绩方面，形成了错误的学习观念。

随着社会的飞速发展，对于学生的终身发展而言，提早树立学生的职业意识具有十分重要的意义，主要体现在以下两点。

第一，教师应引导学生根据自身的喜好了解各个行业，提早树立学生的职业意识，并使其通过自己的方式深入了解感兴趣、适合自身的岗位，从而根据自身与岗位之间的差距，付出相应的努力。明确职业目标是学生规划人生的重要部分，需要学生慢慢感悟。

第二，在高考结束后，学生会填报志愿，然而许多学生在填报的时候还没有明确自己以后的发展方向，不了解自己喜欢哪个行业、想要从事哪方面的工作。这一现象也导致了学生道听途说，选择其他人口中热门专业，从而导致社会上出现越来越多的专业不对口问题。

（四）培养学生良好的身体素质

学生的身体素质对其终身发展具有十分重要的意义，是学生生活、学习和工作的良好基础。因此，高中教师应更加重视学生身体素质的提高，具体而言，主要从以下三个方面入手。

1.培养学生参加体育活动的兴趣

高中教师应引导学生选择一项或多项运动项目作为自己的兴趣爱好，从而强健身心，磨炼自身的意志力。学校应积极地为学生建立能够参加体育活动的平台，如田径队、羽毛球队、篮球队等，举办各种挑战赛、友谊赛提高学生兴趣，增加学生的课外运动。

2. 加强体育课程的教学

目前，受应试教育观念的影响，许多高中对体育课的重视不够，没有严格按照教学大纲进行教学，其他高考科目可以随意占用学生体育课的时间进行补课，导致体育课流于形式。同时，由于高中生的学习任务相对繁重，使学生很难抽出时间和精力进行锻炼，严重影响了学生身体素质的提高。这就要求我国普通高中的教育者必须加强和监督体育课程教学，尽量避免体育课挪作他用，从而提高学生的身体素质。

3. 定期开展运动会

一般情况下，我国普通高中每年都会举办两次运动会，即春季运动会和秋季运动会，按照相关规定，每个年级、每个班级都必须要参加。这一活动有效地调动了学生积极参与锻炼的兴趣，不仅能达到强身健体的效果，还能为班级争光，实现了软性政策和硬性政策的有机结合。

（五）培养学生优秀的道德品质

道德素质通常会跟随学生一生，是做人之本，这就要求我国普通高中的教育必须重视学生道德品质的提高，不断加强思想道德教育，引导学生树立正确的价值观、人生观、世界观。从我国高中目前的形势来看，道德教育的突破点主要包括以下两个方面。

1. 注重主题班会的开展

高中教师应不断引入社会上的各种真实事例，定期开展主题班会，给予学生围绕如何提高道德品质进行讨论的机会，在学生讨论的过程中，教师应及时纠正学生错误的思想观念。

2. 注重思想政治课教学

我国普通高中的思想政治课对培养学生正确的思想道德观念具有十分重要的意义，是一门致力于培养学生道德修养的思想品德课程，同时这一课程还能帮助学生树立法律意识。

三、创新教育

（一）创新依法治校的制度

全面推进依法治国的决定，它标志着让法治为全面深化改革做贡献、为人民群众的生活保驾护航。就教育而言，即依法办学、依法治校。

依法办学是指学校在正确办学思想的引导下，依据法律法规和政策开展办学活动，提供公共服务，维护学校和全体师生合法权益的行为。依法办学是广大中小学践行党和国家提出的"办好人民满意的教育"宗旨所必须首先遵循的。依法办学不是一种单纯的思想认识，它直接体现为中小学在办学实践中严格执行、有效落实国家教育法律法规和教育政策。依法办学既是一种外部法律约束，也是一种内部自律约束。中小学依法办学，重点是学校要坚持办学方向，包括贯彻落实党的教育方针、确立素质教育的重要地位以及坚持全面、科学的教育质量观；注重章程与制度建设和对于教育法规政策的执行。

在这过程中，必须认真学法，严格守法。没有规范、科学的学校制度，学校就无法有效组织、分化、控制、协调现代教育教学活动。现代学校制度是适应现代社会发展要求，反映学校、政府与社会关系的治理模式、制度规范和行为准则，也是建立正常学习和工作秩序的重要保证，因此学校必须充分调动全校师生的积极性，最优化地组织并发挥每一个成员的智慧和力量，使师生工作和学习有章可循。只有充分发挥每一个教师和学生的创造性、主动性和积极性，才能形成一种集体力量，提高学校的办事效率。

由此可知，现代学校制度是调动师生积极性的有效途径，也是形成校园优良文化的基础。全校教职在反复实践的过程中，形成一种独特的文化，在有形无形之间奠定学校发展的深厚底蕴。

（二）创新特色办学的内涵

办学者应站在时代的高度，抓住历史的机遇，对办学价值取向加以正确的选择和定位，创造性地创建富有特色的学校，在教育实践的基础上总结提升，形成富有鲜明个性的办学理念。要既顺应时代的潮流，又彰显人文的关怀。

《现代汉语词典》对特色的解释是事物所表现出来的独特的色彩、风格等。学校特色是一种个性化的办学思路及其指导下的实践。以学生发展为本是学校特色建设的价值取向，偏离这个方向的特色难以持续发展。一位教育专家在谈到学校特色建设时，曾经说"为学生终身奠基，让学生终身怀念"，成为了许多普通高中鲜明的办学理念，而学校的特色建设，也是与之相辅相成的。

特色的形成离不开"执著"，因此普通高中的科技教育应始终坚持"三个结合"，即动手与动脑相结合，科学与艺术相结合，科学精神与人文精神相结合。特色办学对于引领学校的发展至关重要，从办学理念中可以反映学校的管理理念、教学理念、人才观、发展观等，它集中反映了办学者的教育思想，也可以看作是办学者的一种价值追求和期望。

四、现代化寄宿制高中的国际视野

"培养什么样的人、如何培养人"这是每所学校的管理者都必须要回答的问题。要培养一批具有中国灵魂、国际视野和情怀、跨文化交流能力的优秀人才，在这里人才不仅仅指学生，还包括教师，伴随着不可阻挡的全球化浪潮，普通高中作为基础教育的主阵地必须将眼光投向世界。

（一）具有国际视野的高中生

1. 培养高中生国际视野的必要性

培养青少年学生国际视野具有显著的必要性。从历史上来看，世界历史是人类社会从分散走向整体的过程。尤其是第三次科技革命以来，信息技术的巨大发展更是加速了现代世界的一体化进程，扩大了现代世界的社会交往，我们自然而然置身于一个国际化的时代。我们的生活与世界一起脉动，无论从衣食住行还是从交往形式上，都发生了翻天覆地的变化。世界的每一次变化都对我们的日常生活产生了重大的影响。同时，未来呼唤我们具备国际视野。在全球竞争日趋激烈、世界合作日趋紧密的背景下，国家的发展尤其需要具备国际视野的高素质人才。个人的交流与发展不再局限于校内、市内、国内，而是整个世界。想要在未来立足，就必须应对来自"地球村"的任何挑战。

2. 培养具有国际视野高中生的方法

（1）让学生学会学习

教师应及时减轻学生对学习的心理负担，排除来自多方面的心理压力，特别是未来面对来自全球的竞争压力，学生必须有足够的抗压能力在这些竞争中脱颖而出。要让学生能够与世界对接，学生的自主学习能力是必不可少的，特别是培养他们研究性学习的能力。

在欧美等教育发达国家中，学生的学习具有很强的自主性，这种自主性的学习帮助培育学生的独立能力、创造能力和随机应变能力，是未来社会发展不可或缺的"本能"。为此，学校应采取能够提升学生自主学习的举措。比如，开设晚自习，在晚自习中，学生可以自主选择晚自习内容；复习当天的学习内容，以便更深地理解和掌握新知识；预习明天的课程，可以提高课堂效率。晚自习还可以培养自觉学习的良好习惯，培养学习积极性和学习热情。能让大家有机会在一起相互学习、相互督促、共同提高。在没有家长和外部因素的条件下，不依赖其他手段获取知识，让学生养成独立思考、学习、研究的良好习惯，也培养了学生的执著精神。要想让学生对终身学习产生兴趣，要想让学生对知识保持热情并具有探索的精神，就要让学生养成这种独立思考的习惯。

学校还应积极丰富学生的课余生活，发挥学生的多种才能，让学生利用各种课余活动进行学习。社团活动遍地开花，各种文体活动蓬勃开展。学生的消遣活动就不仅仅局限于手机、电脑等电子娱乐设备，他们还可以利用课间饭后打篮球、练习舞蹈、拍摄视频等，这不仅为学生丰富多彩的校园生活增添亮色，并且锻炼学生各种能力，使他们在成为一个具有国际视野的高中生的同时，也成为一个有个性、有特色的高中生。

(2) 让学生学会生活

近年来，我国普通高中受计划生育的影响，独生子女日益增多，逐渐形成了一个特殊的社会群体。这类学生由于从小受到父母等长辈们的精心呵护，自理能力较差，独立与他人交流的能力更差。

自理能力指人们自己处理日常生活琐事的能力。能处理好人际关系，独立处理一些日常事务，能独自承受各种压力。毋庸置疑，对于学生的成长过程而言，自理能力具有十分重要的作用。

自理能力不仅是独生子女教育的突破口，更是生存的基础。我国有专家、学者通过研究表明"90 后""00 后"大多为独生子女，在这类独特的社会群体中，大多数都出现生活自理能力不足、不善于处理人际关系、我行我素、心理承受力弱等问题，因此必须引起学校和教师的注意。

近年来，我国许多高中都实现了现代化寄宿制学校制度建设探索和实践，在国家教育法规精神的指导下制定了一系列寄宿制学校法规，如《宿舍管理员工作职责》《生活指导中心工作职责》《新中住宿生违纪处罚办法》等。这些规章制度共同建立了与现代化教育相适应的学校内部管理体制，有利于形成具有本校特色的校园管理文化，为培养学生的学习素养、生活素养、情感素养打下了坚实的基础。

让学生学会生活主要应该做到以下几点。

①养成良好的作息习惯。为了帮助学生养成健康的生活习惯和生活方式，以及守时观念，学校必须科学、合理地制定作息制度。严格的规范和纪律不仅能够使学生形成服从纪律、遵守规范的自觉意识，还有利于培养学生良好的文明行为。

世界知名的"贵族学校"伊顿公学，以"精英摇篮""绅士文化"闻名世界，被公认为英国最好的中学，也素以军事化的严格管理著称。伊顿公学对每位学生都管理得非常严格。学生犯了错误，舍监会采取一定的措施对其进行惩罚。伊顿公学的作息时间严格而有规律，一般情况下，学生每天早晨7：30起床，直到21：30熄灯，中间的日常生活和学习都精确到分钟。像伊顿这样的名校，采用了半军事化的管理模式，正是为了让学生养成良好的生活习惯。近年来，我国高中对住校生也相继制定了严格的作息时间规定以及管理条例。

②学会基本的生活技能。伊顿公学的学生大多出身名门，家境优越，但这并不是学生可以享受富裕生活的理由，相反，伊顿公学教育条件虽然很好，却有着与众不同的管理方法。例如，新生入学必须使用最旧的教室，入住最差的宿舍，同时低年级的学生需要为他人服务，如收拾餐具、整理厨房、打扫寝室等。该校如此管理的主要目的是让学生深刻理解来学校是接受磨练和教育的，而不是享乐的。

在这些"家务活"的锻炼中，学生能够学会独立生活的基本技能。在我国，许多家长对孩子过分溺爱，是导致孩子长不大的关键原因，有些家长甚至认为孩子只要念好书就行，其他的事都不用管。这会导致孩子失去最基础的能力，无法成为一个完整的、多元的人才。新中为孩子提供了全时空的育人环境，不仅仅是培育学生学习好、读书好，更要为学生独立生存、独立地踏上社会打下坚实基础。

③培养学生的集体意识。现在的学生物质上并不匮乏，他们欠缺的是精神上的交流，是情感教育、同伴教育。在寄宿制高中，学校为其营造了一种平等的人际氛围，学生连续三年的朝夕相处能够有效改变独生子女家庭带来的负面影响。这种人际氛围不仅有利于形成师生之间、生生之间相互关爱的风气，还有利于培养学生的平等意识和民主精神，从而为学生的人格品质奠定基础。

目前，我国的寄宿制高中逐渐形成了学校管理应当让学生全方位参与，学生的集体生活应当由学生自己去管理的观念。经过多年的实践，在这种观念下实施的各种政策均取得了一定成效，学生逐渐学会了管理自己和集体的方式方法，具备了自我管理能力和适应集体的能力，同时也形成了自主意识。学生长期生活在朝气蓬勃的集体环境中，不仅有利于共同形成较高的人生理想和目标，还有利于增强学生思想上的共鸣和心理上的沟通。

可以说，学校为学生提供了一个全时空的育人环境，这个环境有利于学生的成长和发展，然而未来寄宿制高中的发展，绝不仅限于此。伊顿公学的管理方式又给了我启发，即他们的学生都有自己的自修室，这是他们的私人领域，学生可以在不违反规定的前提下任意布置这一空间，既可以单独享受宁静的时光，又可以邀请自己的朋友一起。当学生入学满足两年的条件，可以自主选择一位教师作为监护人，教师监护人每周至少要与学生会面两次，其主要任务是帮助学生解决生活中遇到的问题。在与学生的谈话中，教师监护人应鼓励学生积极发表自己对各种事物的看法，使学生敢于向权威发起挑战。

综上所述可知，伊顿公学的管理既强调对学生的人文关怀，又强调对学生的严格管教。目前，我国许多普通高中也设置了"导师制"，导师不仅仅是为学生提供学业上的帮助，也是生活上的指导人。

（二）面向未来的教师团队

教育本身的全球化发展使当今及未来的教育工作变得越来越复杂，对教育工作者的要求也越来越高。为师不难，教学不易。如今，教育日益功利化、教育对象日益复杂、师生成长经验的差别等造成深刻的沟通困难。在这样的环境下，教师更需要理清基本的发展思路，并且要站在一个面向未来的角度，只有这样才能寻找到进一步发展的突破口。

教师作为知识的传授者，将别人已经整理好的文明遗产传递给下一代，这是我们对教师固有的看法。然而，面对着一个越来越融合的世界，教师的功能已不能仅仅局限于此。除了自身的专业知识，教师还需要对外来知识进行吸收与重构，需要不断夯实自己的学科教学知识，可以通过讲座、短期课程、到大学修课、工作坊、研讨会、自我主导学习等形式，让自己成长为一个具有前瞻性、国际性且能够终身学习的教育者。

另外，还要促进教师的自我理解和专业自觉，同时通过教研组或日常教研活动，促进学校文化或教师文化和教学手段的提升，使教师拥有国际教育的视野、手段、策略，提升教师的专业能力。教师的专业能力主要包括教学设计的能力、教学语言能力、教育教学交往能力、组织和调控课堂的能力、教育研究能力等。目前，我国教师在某几个方面还有所欠缺，比如我们的教师的教学手段一直被认为是"填鸭式教学"，只问学生"为什么"，而国外的教师更注重问学生"如果这样会发生什么"，这个侧重点的不同反映出国内外教师教学设计能力的差距。要想站在国际的舞台上与他人竞争，必须具备优秀的综合能力，而培养学生的这种能力，则是我们教育者面向未来，不断努力探索的方向。

许多国家对于参加教师培训项目的应聘人员并不会做一定的限制，从而导致教师候选人供过于求，教师的质量得不到保证，即注册课程的人数远远高于所需的教师数量，专业院校毕业的教师得到重用的机会减少，甚至无法找到合适的工作。一般情况下，这种情况反作用于教师职业，则会导致从事这一职业工作者的素质随其地位下降。因此，各国都在采取不同的方法使师范教育更为现代化，如新加坡、芬兰等国家虽然十分看重传统的教师培训项目，但都对现存的制度框架进行了一定的调整，从而使其适应不断变化的技能需求；英国则为教师资格的选择创造了备选途径，这一举动形成了与传统提供的方式进行竞争的局面。

综上所述可知，备选的资质认证途径还是传统的资质认证途径，其标准是相同的。随着社会的飞速发展，越来越多的国家开始招募处于职业生涯中期或是具有高素质、高水平的教师从事教学工作。

（三）面向世界的课程体系

为了让孩子获得高水平的教育，越来越多的家长想送孩子出国接受教育，很显然，教育国际化已经成为教育发展的趋势。一说国际化，有人就狭隘地理解为只是出国学习。国际课程的搭建有以下多种方式。

①可以把多元的国际文化内容作为正规课程的一部分，或是将其设置为选修课程称为单独的存在。这种做法有利于学生思考、探究不同文化的特点，开阔学生视野，短处也很明显，即此类课程受益面很窄，不能满足大部分学生的需求。

②把多元的国际文化内容作为课程的核心，建构多文化核心课程。学生在这种环境下必须接受这一多元化的课程形式，其劣势在于无法将不同的文化统合为一个有机整体。

③在课程中逐渐增加多文化的相关内容。这种方式将多文化作为众多不同学科的一部分，是多文化教育中一种较为成熟的课程构建方式，先在现有学程的有关问题上增设一两个单元，随后在其他学程中也相应地增设。搭建国际课程并不单单是为了让学生掌握国外的文化，更是为了让学生了解国外学生的学习方式、思考方式，让教师了解国外教师的教育方式、教学能力，以国际课程为台阶，促使学生和教师更加具有国际化的视野和情怀。

教育国际化本质上是在全球一体化的背景下，撷取人类文明成果的一种新的教育思路和模式。我国高中也开设了一些具有国际特色的课程，并通过与国外姐妹学校的互访互动，加深中外学生对于不同课程体系的了解。放眼国际，为的是更好推动中国教育的发展，让更多学生通过国内的教育，也能成为具有国际视野的人才。

　　教育国际化的进程已经开始，并且逐渐从高等教育扩展到高中教育领域。现在的高中生已经不能单单埋头于自己面前的课本，还要做到"家事、国事、天下事，事事关心"，做一个多元的、国际化的学生，站在一个高起点，他们所需的知识量远超之前的学生，并且这个需求会越来越大。未来我国高中在课程设置上必须有所变革和突破，力求感应时代脉搏，回应时代所需，开设更加多元、丰富的课程。

参考文献

[1] 胡娇．教育与就业：关于普通教育对就业问题的责任分析 [M]．哈尔滨：黑龙江大学出版社，2010.

[2] 何声钟，袁玉敏．高中教育研究：以江西省为例 [M]．南昌：江西人民出版社，2011.

[3] 郭崇江．高中教育教学策略研究 [M]．北京：光明日报出版社，2012.

[4] 朱启勇，吴继东，李永恒．中国教育探索与研究 [M]．北京：中国时代经济出版社，2012.

[5] 丁文敏．大学生责任教育概论 [M]．济南：山东人民出版社，2012.

[6] 段春芳．校长论教育：责任智慧方略 [M]．保定：河北大学出版社，2012.

[7] 蒋丹．普及高中阶段教育的财政保障机制研究 [M]．成都：四川大学出版社，2013.

[8] 王喜娟．教育的制度困境：美国综合高中发展危机研究 [M]．桂林：广西师范大学出版社，2013.

[9] 王天超．让生命与教育的使命同行 [M]．北京：光明日报出版社，2013.

[10] 吴玲等．职业使命与教师文化建设 [M]．芜湖：安徽师范大学出版社，2014.

[11] 祝爱武．责任与限度：高等教育办学主体研究 [M]．北京：教育科学出版社，2014.

[12] 李运生．素质教育探索 [M]．广州：广东高等教育出版社，2014.

[13] 张瑞．大学生责任教育新编 [M]．济南：山东人民出版社，2014.

[14] 陈光华．职业教育探索与研究 [M]．银川：阳光出版社，2014.

[15] 刘维朝等．普通高中课程特色建设的理论与实践 [M]．长沙：湖南大学出版社，2015.

[16] 张德明．开放教育的探索 [M]．上海：复旦大学出版社，2015.

[17] 阮成武．教师职业的理性与诗意 [M]．芜湖：安徽师范大学出版社，2015.

[18] 刘爱国．把分数拉长了看：奠基终身发展的高中教育 [M]．上海：上海教育出版社，2015.

[19] 金生鈜．教育研究的逻辑 [M]．北京：教育科学出版社，2015.

[20] 于炳春．星火微澜：现代高中教育革命的心事与梦想 [M]．青岛：中国海洋大学出版社，2016.

[21] 郭平，卢雄，李小融．高中学校发展规划选编 [M]．成都：西南交通大学出版社，2016.

[22] 曾淑煌．教育责任与责任教育 [M]．厦门：厦门大学出版社，2016.

[23] 张庆英．创新教育与教育的创新 [M]．北京：中国财富出版社，2016.

[24] 江芳．教育研究与实践 [M]．合肥：中国科学技术大学出版社，2017.

[25] 李群．学校课程建设的"知"与"行" [M]．北京：知识产权出版社，2017.

[26] 许序修．教师发展的专业逻辑：教育观察与教学探索 [M]．厦门：厦门大学出版社，2017.

[27] 陈侠．课程论重建与教育科学研究 [M]．北京：人民教育出版社，2017.

[28] 董俊燕．普通高中教育成本分担与补偿理论研究 [M]．西安：陕西师范大学出版总社有限公司，2017.

[29] 王平杰．浩然文化研学旅行校本课程 [M]．武汉：湖北科学技术出版社，2017.

[30] 庞学光．教育的理想与理想的教育 [M]．北京：中国文史出版社，2017.

[31] 潘贵．教育杂谈 [M]．成都：四川大学出版社，2017.

[32] 杨立新．高中学校转型发展的动力 [M]．天津：天津科学技术出版社，2018.

[33] 李浩泉，陈元．教育研究方法 [M]．成都：西南交通大学出版社，2018.

[34] 史耀忠．职业素养教育的探索与实践 [M]．北京：北京理工大学出版社，2018.

[35] 王克伟．倾听花开：高中心理教师成长之旅 [M]．青岛：中国海洋大学出版社，2018.

[36] 王晓璇．社会教育：中国近代教育探索的本土之路 [M]．沈阳：辽宁人民出版社，2018.

[37] 田保华．教育有道 [M]．济南：山东文艺出版社，2018.

[38] 刘道玉．教育问题探津 [M]．北京：北京出版社，2019.

[39] 刘丽群．我国高中教育政策 40 年：历史轨迹与发展愿景 [J]．中国教育学刊，2018（09）：52-56.

[40] 孙政庭．我眼中的美国高中教育管理 [J]．中国德育，2018（18）：77-79.

[41] 王继兵．高中教育应给学生成长年轮中留下些什么 [J]．人民教育，2018（17）：45-48.

[42] 王涛．基于学业水平考试改革的高中教育问题研究 [J]．教育现代化，2018，5（39）：105-106.

[43] 王献甫．核心素养视域下高中多元特色化发展之路 [J]．创新人才教育，2018（04）：10-14.

[44] 许敏．努力争当深化高中教育改革的领跑者 [J]．江苏教育，2018（58）：26.

[45] 郭涵．价值引领：高中教育的重要使命 [J]．人民教育，2018（11）：36 -39.

[46] 金海清．扎实推进普通高中教育高质量发展 [J]．江苏教育，2018（58）：29.

[47] 朱汉招．创新教研方式，促进教师专业发展 [J]．华夏教师，2018（29）：5-6.

[48] 林瑞明．试论高考改革对高中政治教师专业发展的影响 [J]．传播力研究，2018，2（28）：224.

[49] 侯成．高中教育发展的大众化定位 [J]．文化创新比较研究，2018，2（11）：95-96.

[50] 张华．深刻理解普通高中教育的性质、定位与发展方向 [J]．人民教育，2018（Z1）：40-42.

[51] 苑立新．校外教育的新使命和新坐标 [J]．中国校外教育，2019（S1）：6-7.

[52] 南海．新时代中国职业教育的文化使命 [J]．职业技术教育，2019，40（36）：1.

[53] 颜康，刘李娥．高职专业教师参与人文素质教育的责任与路径探析 [J]．常州工程职业技术学院高职研究，2019（04）：7-10.

[54] 郑士鹏，单宁珍．青年社会责任教育的实践理路 [J]．中国特色社会主义研究，2019（06）：62-68.

[55] 栗琳，张啸鹏．新时代大学生理想信念与责任担当教育探析 [J]．社科纵横，2019，34（12）：130-132.

[56] 王雪洁. 激发生命自觉践行"责任教育"[J]. 辽宁教育，2019（21）：25-27.

[57] 王晨. 新时代高校学生党支部开展党员责任教育的路径探究[J]. 北京教育（德育），2019（09）：18-21.